Fabric
New Material!

布なのにパリッと硬くて、折ったり切ったりできる！ 手づくりする新素材

クラフト布で
雑貨＆こものづくり

蔭山はるみ

誠文堂新光社

Introduction

クラフト布ってなに？　どこで買えるの？　書店やネットではじめてこの本を、そして「クラフト布」という言葉を目にしたとき、ほとんどの方がそう思ったのではないでしょうか。それも当然です。だってクラフト布は、私が考えたオリジナル手法。この呼び名も私が考えたものだし、なによりまだ広く一般公開していないのですから。

発端は、箱に布を貼る作業をしていたとき。布の切れ端にボンドをつけたままにしていたら、それが乾いてカチカチになったことがありました。普通ならすぐに捨ててしまうのに、そのときはなぜか気になって眺めていて、ふと思ったんです。布にボンドを塗るとこんなにかたくなるのか。ってことは、これを利用したらなにかできるかも……と。そしていろいろ試作を重ね、できあがったのが、クラフト布——。

もう15年以上も前のことです。そし

て個人的にはごく普通に使いつつ、雑誌やテレビなどでときおり紹介する程度だったのですが、そのたびに反響があり、また面白がっていただくことが続いて……。ついに1冊の本にまとめて、お披露目することとなりました。

　ごく普通の布がクラフト布になると、普通の布のときにはできなかったことができるようになります。本書には、そんなクラフト布の特徴や作り方はもちろん、どんなものが作れるのか、そのアイテムも含め、クラフト布の魅力をたっぷり詰め込みました。ほとんどは針と糸なしで作れるので、お裁縫が苦手な方にはお助けマンの存在として。お裁縫が得意な方には、布の魅力をさらに広く深く楽しめる新しい手法として、驚き、面白がりつつ、役立てていただければうれしいです。まずはじっくりごらんになって、クラフト布と仲良くなることからはじめてください！

クルッと丸められて
しっかり立つ！

This is CRAFT-NUNO!

カットしても端が
ほつれない！

穴あけも
自由自在！

鉛筆で書いたり
消しゴムで消したりもOK！

これがクラフト布です！

クラフト布は、布にボンドを塗って作る
オリジナルのアイデア素材。
ボンドと組み合わせる──。
たったこれだけのことで、あのやわらかい布が、
布の素材感・質感はそのまま残しながら
パリッとかたくて紙のように使える
これまでになかった"ニューマテリアル"に変身します！

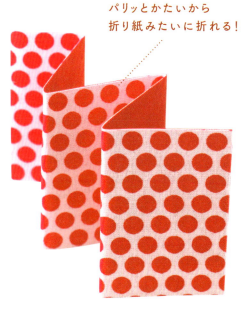

パリッとかたいから
折り紙みたいに折れる！

アイロンをかけると
やわらかくなって元どおりに！

Contents

Introduction 2
This is CRAFT-NUNO! 4
これがクラフト布です！

キッチンで使うもの
in the Kitchen

MANY COASTERS 8
コースターいろいろ

Place Mats 10
ランチョンマット

Cute Magnets 11
マグネット

HOLDER for KITCHEN TOOLS 12
キッチンツールホルダー

COFFEE FILTER CASE 13
コーヒーフィルターケース

Tray with The Handle 14
持ち手つきトレー

COLORFUL CUP'S PARTY 16
マドレーヌ＆ブリオッシュカップ

ステーショナリー＆雑貨
Variety Goods

Stylish envelopes 18
封筒いろいろ

Document case 19
書類入れ

PEN STAND 20
ペン立て

SMALL TOTE BAGS 21
ミニトートバッグ

Book Jackets 22
文庫本カバー

PASS CASE 24
パスケース

CARD CASE 25
カードケース

ORIGAMI bookmarks 26
ハギレで ブックマーク

Colorful Tags 27
切れ端で タグ

リビングで使うもの
in the Living Room

S CANDINAVIAN LAMPSHADE 28
    北欧風ペンダントライト

S mall Three Pendants 30
    3連ペンダントライト

G irly Lampshade 31
    レースのガーリーライト

C ASE of the TISSUE BOX 32
    ティッシュボックスケース

P RECIOUS DOILY CUPS 33
    ドイリーの小物入れ

Box collection ボックスコレクション

R ED POP BOXES 36
    レッドボックス

C ube Boxes 38
    サイコロボックス

B oxes for cutlery 39
    カトラリーボックス

N ATURAL LINEN BOXES 40
    ナチュラルリネンボックス

D RUM BOXES 41
    ドラムボックス

ファッショングッズ
Fashion Goods

R ound and Bag Porch 42
    まんまるバッグ＆ポーチ

S quare Bag 43
    スクエアバッグ

FUN! **FUN!**
C OLLAGE BAG 44
    デニムのコラージュバッグ

C osmetic case 46
    コスメケース

C RAZY CORSAGES 48
    ハギレで コサージュ

D ROP NECKLACE 49
    切れ端で ネックレス

クラフト布を作って
小物づくりを楽しみましょう！
Let's Make CRAFT-NUNO!

材料は布とボンドだけ！ 50
クラフト布の小物づくりに必要な道具 51

How to Make CRAFT-NUNO
クラフト布の作り方 52

Next Step!
How to Use CRAFT-NUNO
クラフト布の使い方 55

Arrange CRAFT-NUNO
クラフト布アレンジ 58

クラフト布Q＆A 61

How to Make
材料と作り方 62

M ANY COASTERS
コースターいろいろ

hen

はじめてクラフト布にトライする
なら、まずは作業しやすい小さめ
の布がおすすめ。たとえばごらん
のコースターなら、12cm角程度
の布2枚でクラフト布を作り、好
みのサイズにカットするだけで、
もう完成！　1枚作ると楽しくて
どんどん作りたくなりますよ。
>>> 材料と作り方はp.63

クラフト布をもう少し大きく作り、コースター同様、周囲をカットすればランチョンマットに。写真では見えませんが、裏はうすこげ茶色のリネンを使用。リバーシブルで使えるのも魅力です。表裏ともに柄布〜それもまったく違う雰囲気のものを組み合わせても楽しい。

>>> 材料と作り方はp.63

Place Mats
ランチョンマット

Cute Magnets
マグネット

パリッと紙みたいにかたくなって、端もほつれなくなる──。クラフト布ならではの"強み"をいかせば、布の柄部分を利用して、こんなマグネットにすることもできます。私は、もう10年以上前に購入したお気に入りのカップ柄で。あなたなら、どんな柄で作りますか？

》》材料と作り方はp.65

Holder for Kitchen Tools
キッチンツールホルダー

クラフト布は穴もあけられるので、有孔ボードのような使い方も OK。穴に S 字フックをセットすればキッチングッズを吊るして整理できるし、ポケットをつければこまごましたものもスッキリ。カラフルな色柄を選ぶとインテリアのアクセントとしても活躍してくれます。

>>> 材料と作り方は p.64

COFFEE FILTER CASE

コーヒーフィルター
ケース

クラフト布を正方形にカットしたら、端っこに穴をあけてS字フックを装着。たったこれだけでできちゃうのにかわいいし、なかなか便利なのが、これ。私はフィルターだけでなく、ビニール袋もたたんで入れてます。アイデア次第ではいろんな場所＆ものに使えそう。

>>> 材料と作り方はp.65

Tray with The Handle

持ち手つきトレー

いくらクラフト布でも、トレーは無理かも…と思いつつ、試作してみたら、これが想像以上に丈夫な仕上がりに！　器やフルーツなどいろいろ乗せても問題なく、普通のトレー感覚で使えます。作る際、布は少し厚手を使うのがポイント。さらに持ち手をつけることで持ちやすく、安定感が増します。

>>> 材料と作り方はp.66〜67

お詫びと訂正

『クラフト布で雑貨&こものづくり』に間違いがございました。
読者の皆様、ならびに関係者各位にご迷惑をおかけしましたことをお詫びするとともに、ここに訂正させていただきます。

P. 78
北欧風ペンダントライトの作り方、3番目の図（左下部分）が間違っておりました。
中に記されている数値1.8cmの位置が異なっていました。以下が正しい図になります

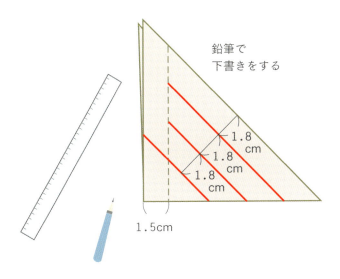

小さいほうのトレーは、ひとり用の軽い食事やティータイムに便利。
おしゃれなだけでなく、軽量で持ち運びしやすいのも魅力。

C
OLORFUL CUP'S PARTY

マドレーヌ＆
ブリオッシュカップ

クラフト布は、使い方をちょっと
アレンジすれば立体的なアイテム
も作れます。ごらんの小さなカッ
プたちは、お菓子のマドレーヌと
ブリオッシュの型を利用して作っ
たもの。手芸材料やキャンディー
を入れたり、ポンポンっと何個か
飾っておくだけでもかわいい！

>>> 材料と作り方はp.67

Stylish envelopes
封筒いろいろ

Variety Goods

いつも使っている封筒も、クラフト布なら簡単に手作りできます。しかも、素材が紙から布に変わるだけで、存在感もかわいさも段違いにアップするからうれしい！郵送する場合は、住所などは紙に書いて、切手とともにボンドで表面に貼って送ってくださいね。

>>> 材料と作り方はp.68〜69

Document Case

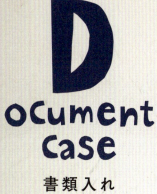

書類入れ

こちらはA4サイズの封筒型書類入れ。たくさん入れても中身が飛び出さないよう、フタ部分が閉じられるようにアレンジしました。大切な書類の保管ケースにも良し、仕事先や学校、趣味の集まりなどにどんどん持ち歩いて、見せびらかしつつ便利に使うのも良し！

>>> 材料と作り方はp.70

ペン立てって、あると重宝するのに、おしゃれな市販品になかなか出会えない。いつも空き缶とかで間に合わせていたので、作ってみました。使ってみると、ハサミやメガネなど、ペン以外の小物もすっきり整理できる上、デスク周りの雰囲気もセンスアップしたみたい。今では欠かせない相棒です。

>>> 材料と作り方はp.71

PEN STAND

ペン立て

SMALL TOTE BAGS
ミニトートバッグ

ペン立てが細長いもの専門なら、こちらはクリップやゴム、名刺やカードなど種々雑多な小物たちのまとめ役。置いても吊るしても使えるところもいいし、なによりこの姿が、かわいいでしょ？ クラフト布を作りはじめた頃からずっと作り続けているお気に入りです。

>>> 材料と作り方はp.72〜73

Book Jackets
文庫本カバー

電車に乗っていてスマホではなく本を、それもセンスの良いカバーをかけて読んでいる人を見ると、いつも素敵だなあと思ってしまいます。そこで私が思う素敵カバー、文庫本サイズで5種類作ってみました。電子版よりやっぱり紙の本という方、ぜひご参考に！

>>> 材料と作り方はp.74

表布はすべてリバティ。内側は表と同系色の無地でシンプルに。見返しの片側は貼り合わせず、折りたたんで調整できるデザインにしたので、どんな厚みの本にも対応できる。

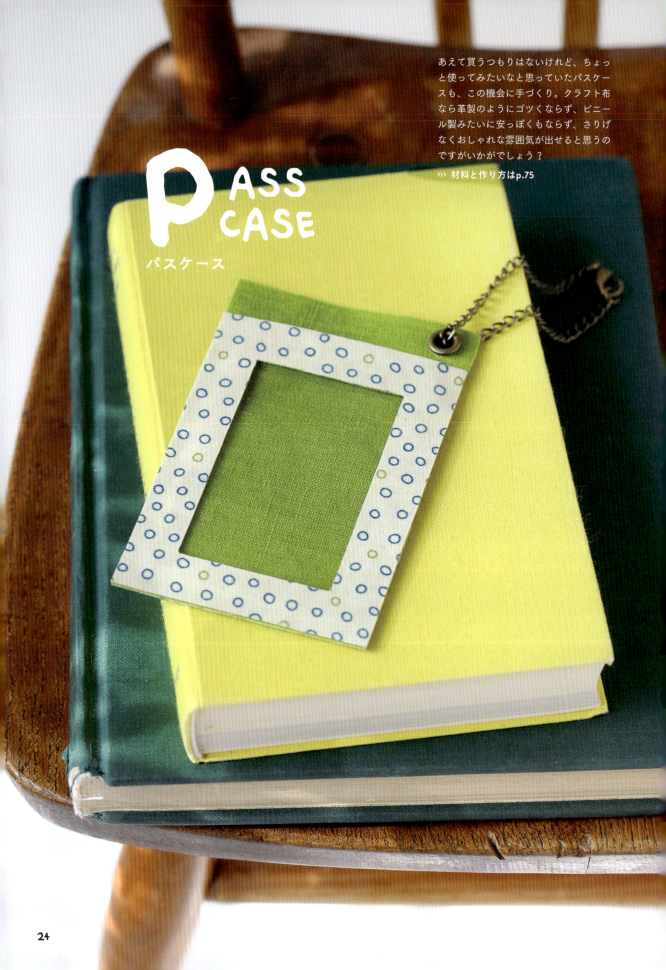

PASS CASE
パスケース

あえて買うつもりはないけれど、ちょっと使ってみたいなと思っていたパスケースも、この機会に手づくり。クラフト布なら革製のようにゴツくならず、ビニール製みたいに安っぽくもならず、さりげなくおしゃれな雰囲気が出せると思うのですがいかがでしょう？

>>> 材料と作り方はp.75

C
ARD
CASE
カードケース

カードといってもショップカード、銀行に診察券など実にさまざま。私は名刺入れとして使うことが多いので、自分の名刺といただいた名刺が分類できるように二つ折りのデザインに。内布は表とは対照的な色柄を選ぶと、開けたときにコントラストが効いて楽しい。

>>> 材料と作り方はp.75

ORIGAMI bookmarks

ハギレで ブックマーク

普通なら処分してしまうような小さなハギレも、クラフト布にすればまだまだ活躍の場あり！ このブックマークなら8cm角程度のハギレ1枚でOK。作るといっても折り紙感覚で折るだけ。ページにセットしやすいよう、なるべく薄手の布を使うのがポイントです。

≫ 材料と作り方はp.76

Colorful Tags

切れ端で タグ

クラフト布の周囲をカットする際、出てしまう切れ端も捨てずに利用を。好きなサイズ、形にカットし、目打ちで1箇所穴をあけてワイヤーを通せば、簡単にかわいいタグになるんです。ピンやハンガーのアクセントにしたり、プレゼントのラッピングに利用したり、アイデア次第で使いみちも無限大。

>>> 材料と作り方はp.76

S CANDINAVIAN LAMPSHADE

北欧風 ペンダントライト

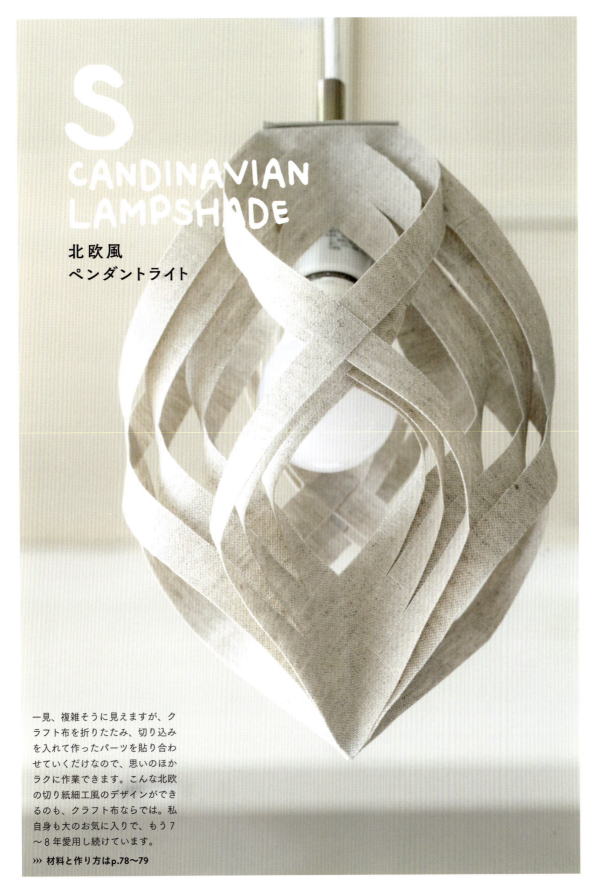

一見、複雑そうに見えますが、クラフト布を折りたたみ、切り込みを入れて作ったパーツを貼り合わせていくだけなので、思いのほかラクに作業できます。こんな北欧の切り紙細工風のデザインができるのも、クラフト布ならでは。私自身も大のお気に入りで、もう7〜8年愛用し続けています。

》》 材料と作り方はp.78〜79

Small Three Pendants
3連ペンダントライト

小ぶりでシンプルな筒型のペンダントライトは、いくつか並べて飾ると、とってもスタイリッシュ。クラフト布ならあまり手間をかけず、自分の好きな布でオリジナルが作れます。私は串だんごのようなお茶目な柄布を選び、ブルー系の配色でまとめてみました。

>>> 材料と作り方はp.77

Girly Lampshade

レースのガーリーライト

繊細なレース生地も、クラフト布にすればごらんの通り。ハリが出て形もつけやすくなる反面、繊細な見た目や素材感はまったく変わらないので、ちょっとロマンチックな照明が欲しい人には格好の素材です。普通の布にはない、レース独特の優しい光の透け感も魅力。

>>> 材料と作り方はp.80〜81

Case of the TISSUE BOX
ティッシュボックスケース

ティッシュの取り出し口を切り抜いて筒型に仕上げたら、あとは中にティッシュボックスを入れるだけ。シンプルですが機能的で使いやすく、個人的にはさまざまな素材で作って愛用しているデザインです。季節で布の色柄を変え、衣替え感覚で着せ替えても楽しい。

>> 材料と作り方はp.88

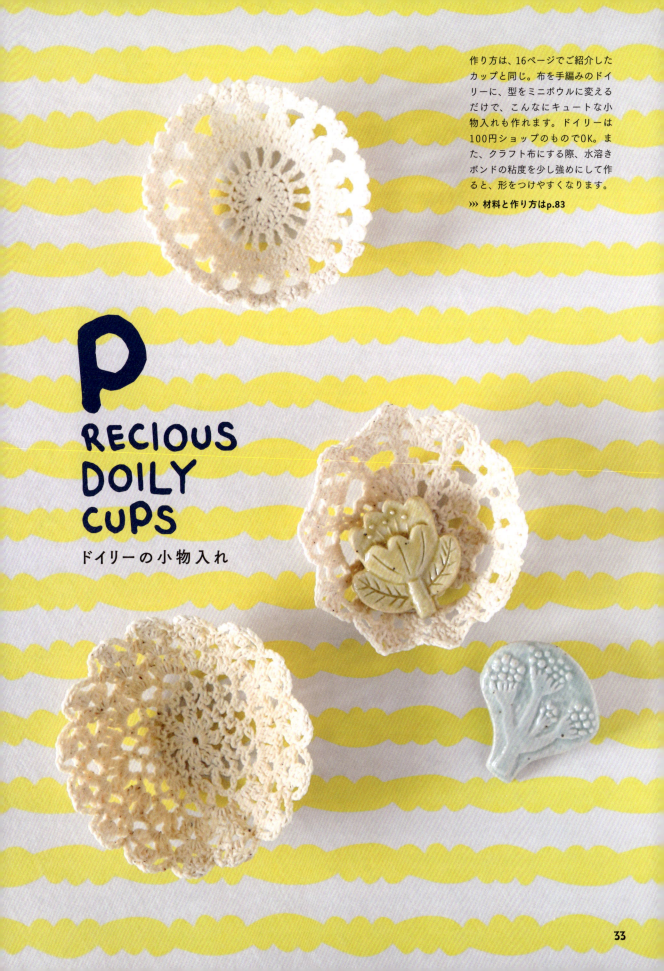

作り方は、16ページでご紹介したカップと同じ。布を手編みのドイリーに、型をミニボウルに変えるだけで、こんなにキュートな小物入れも作れます。ドイリーは100円ショップのものでOK。また、クラフト布にする際、水溶きボンドの粘度を少し強めにして作ると、形をつけやすくなります。
>>> 材料と作り方はp.83

Precious Doily Cups
ドイリーの小物入れ

Box collection
ボックスコレクション

便利に使えて、置いておくだけでも絵になる布のボックスは、手づくり好き、インテリア好きに共通の人気アイテム。作るとなると、土台の厚紙を用意し、きれいに貼り合わせてetc…と結構面倒なのですが、クラフト布を使えば、カットして折り、貼り合わせるだけで手軽にオリジナルが作れます。大きさだって自由に変えられるし、形もアレンジOK。紙箱にくらべると質感は少しソフトですが、慣れてくるとかえってそれも使い勝手が良く、どんどん作りたくなってしまうことうけあい。さっそくページをめくって、お気に入りを見つけてください！

RED POP BOXES
レッドボックス

最初に作るなら、シンプルな四角いタイプがおすすめ。クラフト布だと、ほんの少しサイズを変えるだけでフタも簡単に作れるので、ぜひフタつきで。何個か作る予定ならテーマカラーを決め、同系色の無地や柄布で揃えて作ると統一感が出ますよ。私は赤でサイズを変えて、いろいろ作ってみました。

≫ **材料と作り方はp.82〜83**

Cube Boxes
サイコロボックス

同じ四角のボックスでも、真四角のサイコロ型にすると、ぐっとキュートな印象に。チェックは柄合わせが難しいのですが、形になったときのかわいさはバツグンなので、あえて挑戦してみました。いかがですか？ 皆さんはチェックといわず、お好きな柄でどうぞ！

≫ 材料と作り方はp.85

Boxes for Cutlery
カトラリーボックス

サイズも形も簡単に変えて作れるのが、クラフト布の良いところ。ここでは少し細長く、高さも低めにして、カトラリーなどテーブル周りの小物を整理するボックスにしてみました。今回はフタをつけませんでしたが、いろいろ持ち運ぶならフタつきが便利かも。

>>> 材料と作り方はp.87

Natural Linen Boxes
ナチュラルリネンボックス

ごらんのボックス、デザインは前出のレッドボックスと同じ。布をナチュラルなリネンにしただけで、ここまで印象を変えられます。ちなみに小さなボックスのフタはキッチンクロスの刺繍部分を利用したもの。身近な布製品もこれだ！と思ったらどんどん使ってみて。

》 材料と作り方はp.84

D
RUM BOXES
ドラムボックス

クッキーや海苔の缶などでよく見かける円筒型のボックスだって、作れます。私は、おやつ&ミニサイズのタオル入れに使用。日常づかいだけでなく、ギフトボックスにしても喜ばれそう。細長く作ってペンケースにしたり、もっと長くして手編みの棒針入れにしても。

>>> 材料と作り方はp.86〜87

Fashion Goods

丸いバッグ、それもマチつきとなると縫いものが苦手な人にはハードルが高いのですが、工作感覚で作れるこれなら大丈夫。唯一のポイントはしっかり折り、きちんと重ね合わせてていねいに貼ること。持ち手部分を作る際、切り抜いた丸いクラフト布も捨てず、ぜひポーチづくりに利用してくださいね。

》 材料と作り方はp.90〜91

Round Bag and Porch
まんまるバッグ＆ポーチ

Square Bag
スクエアバッグ

ごらんのバッグも、針と糸は一切使わず作れます。持ち手も縫わず、本体にさし込んで固定してあるだけですが、しっかり丈夫。さらに手持ちのとき、肩にかけるときで長さが調節できるように工夫しました。縫って作ると不可能な"小ワザ"をいろいろ盛り込めるのも、クラフト布のバッグならでは！

>>> 材料と作り方はp.89

front

バッグの前面と後ろ面は思い切っ
て雰囲気を変えると楽しい。やり
出したら面白くて、ちょっと盛り
すぎてしまった感あり？

back

FUN! FUN!
COLLAGE BAG
デニムのコラージュバッグ

クラフト布は基本2枚の布を貼り合わせますが、そこを少々アレンジ。ベースのデニム地にボンドを塗ったら、布の代わりにハギレやテープなどを思いのまま乗せて貼ってコラージュ。変わりクラフト布にして、バッグに仕立ててみました。手持ちの素材を集めて、ぜひ、思いっきり楽しんでみて！

>>> 材料と作り方はp.92〜93

二つ折りにして、取りつけた革ひもを結べば、コンパクトに。携帯のコスメケースとしても便利に使える。

cosmetic case
コスメケース

ドレッサーの引き出しのなかで、ゴチャゴチャになっていたコスメブラシやペンシルをなんとかしたくて考えました。結果、きれいに整理できただけでなく、何がどこにあるか一目瞭然で使い勝手もアップ！ おしゃれな見た目も気に入っています。かぎ針など手芸道具やペンのケースにしても良さそう。

>>> 材料と作り方はp.94

CRAZY CORSAGES

ハギレで コサージュ

コサージュは、小さなハギレの寄せ集めで簡単に作れるのが魅力。この3個も、今回ご紹介した作品のハギレで作りました。花びらを固定するために1箇所だけ縫いますが、あとは貼るだけ。それも、花の形にしてからクラフト布にするという、ちょっと変わった作り方をしています。ぜひチェックしてみて！

>>> 材料と作り方はp.93

え〜これもクラフト布なの？ なんて声が聞こえてきそうですが、その通り。コサージュ同様、今回ご紹介した作品や試作の切れ端だけで作ったのですが、そうは思えないほどかわいいでしょ？ しかも驚くほど軽いので、首にかけていても肩がこらない！ いろんな色で作って楽しみたいなあと思っています。

>>> **材料と作り方はp.95**

D
ROP
NECKLACE

切れ端で ネックレス

Let's Make
CRAFT-NUNO!

クラフト布を作って
小物づくりを楽しみましょう！

布と木工用ボンドがあれば、手軽に作れるのがクラフト布の魅力。
クラフト布づくりにおすすめの布やボンド、
作ったクラフト布で小物づくりを楽しむときに必要な道具をまとめました。

Materials ≫ 材料は布とボンドだけ！

布は水気を吸いやすいものを

布は、水分を吸収する素材ならどんなものでも使えますが、基本は綿や麻など自然素材のものがおすすめ。貼り合わせる2枚の布の素材が違っても大丈夫です。布の組み合わせも、両方無地にしたり、片側だけ柄布にしたり…と、自由自在に楽しめます。

布の厚みはお好みですが、薄手のものは生地がよれやすいので、最初のうちは避けた方が無難。柄についても、よれたり曲がったりしたときに目立ちやすいもの（細めのストライプやチェックなど）は、慣れてきてからチャレンジするようにしましょう。

また、通常は2枚の布を貼り合わせ、表と裏で変えて使いますが、用途や素材によっては1枚仕立てでクラフト布にしてもOK。本書でも、封筒やネックレスなど1枚仕立てのクラフト布を使った作品をいくつかご紹介していますので、ぜひご参考に。

ボンドは木工用を

木工用ボンドは布に浸透しやすく、乾くとパリッとかたくなる特徴があるので、クラフト布づくりに最適。速乾用、金属にも接着するタイプなど、さまざまな種類がありますが、ごく一般的な普通の木工用ボンドが一番使いやすくおすすめです。50mlのミニ容器から大容量のボトルまで、さまざまな分量のものが販売されているので、作るサイズや枚数に合わせて選びましょう。◆

Tools » 小物づくりに必要な道具たち
\ クラフト布の /

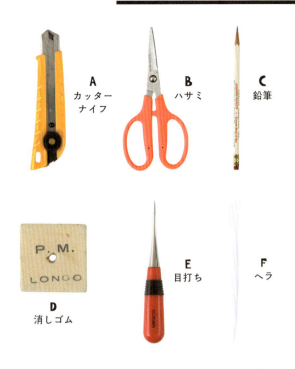

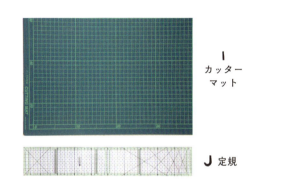

- **A** カッターナイフ
- **B** ハサミ
- **C** 鉛筆
- **D** 消しゴム
- **E** 目打ち
- **F** ヘラ
- **G** 仮止めクリップ
- **H** アイロン
- **I** カッターマット
- **J** 定規

A カッターナイフ…作ったクラフト布をカットするのに使う。小型より、刃サイズ18mmの大型タイプが作業しやすい。

B ハサミ…布、クラフト布、型紙など、1本でいろんな素材に使える万能工作バサミを。★

C 鉛筆…クラフト布に線を引くときに使う。引いた線の跡が残りづらいB〜2Bを。

D 消しゴム…線を消すときは、消しゴムで。

E 目打ち…クラフト布に穴をあけるときに。★

F ヘラ…クラフト布を折る際、押さえたり、折りぐせを付けるのに重宝。写真はアップリケ用のヘラ。★

G 仮止めクリップ…折った部分や接着箇所などにとめ、動かないよう固定するときに。普通サイズとロング、両方あると便利。ともに。★

H アイロン…作ったクラフト布を平らに整えるほか、しっかり折り目をつけたり布用ボンドをとめたり、かたくなった部分にかけてやわらかくしたり…と、作業中にも欠かせない。

I カッターマット…クラフト布をカットする際、下に敷いて使う。写真は60×45cmのカッティングマット。★

J 定規…目盛りつきの方眼定規で、カットの際に作業しやすい、ある程度厚みのあるものがおすすめ。写真は幅8×50cmのストリップ定規。★

仕上げのボンドは、布用を使い分けて

裁ほう上手

アイロンの熱で強力接着できるボンド（アイロンなしでも使用可能）。細いノズルで、さまざまな箇所に使いやすい。洗濯もOK。◆

貼り仕事

こちらも、アイロンなしで強力接着。ノズルがヘラ状になっているので、特に面に塗り広げる時に便利。洗濯もOK。★

裁ほう上手スティック

1枚仕立てのクラフト布を使った小物づくりは、こちらを。本書では封筒やネックレス作りに使用。アイロン不可、洗濯はOK。◆

これもあると便利！

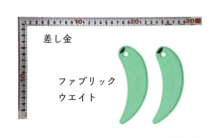

差し金

ファブリックウエイト

木工作業用の差し金は、クラフト布の直角を出したりゆがみをチェックするのに使える。方眼定規と併用すると便利。ウエイトはカット作業の際、定規がずれないよう、上に乗せて重石替わりにするのに便利。写真は布用のウエイト。積み重ねて使うこともできる。★

＊文中に◆がついているものはコニシ、★はクロバーの商品です。

How to Make CRAFT-NUNO

クラフト布の作り方

ボンドを水で溶いて布に塗り広げ、もう1枚の布と重ねて作るクラフト布。はじめてさんにも作りやすい25cm角程度の布を使って基本の作業をマスターしましょう!

材料と道具

- 好みの布2枚(写真は綿の水玉柄とリネン無地。ここでは27×25cmにカットして使用)
- 木工用ボンド(分量は、上記の布サイズで70g前後が目安)
- のりバケ
- 水溶きボンドを作る容器(果物のプラスチック容器などでOK)
- 汚れ防止のシート(大きめのゴミ袋でOK)
- マスキングテープ
- 割り箸
- 水を入れるカップ

布をカットします

❶ 布を作りたいサイズよりひとまわり(周囲2cmほど)大きめにカット。1枚カットしたら、それをのせてもう1枚カットする。ここでは27×25cmにカットして使用。

シートを貼ります

❷ 作業中、テーブルが汚れないように、マスキングテープでシート(ゴミ袋)を貼っておく。

水溶きボンドを作ります

❸ 木工用ボンドを容器に絞り出す。

❹ 水を注ぎ入れる。一度にたくさん入れるとダマになってしまうので、まず少量を加える。

❺ 割り箸で混ぜ、水とボンドがなじんだら、再び水を少しずつ加えながら混ぜていく。

❻ 全体にサラッとして、ヨーグルトドリンクのような感触になったらOK。水の量は目安のボンド量(ここでは70g)に対して2分の1~5分の3くらいを目安に。

Point! 2枚の布を貼る順番は…

厚みが違う場合はまず厚い布から先に水溶きボンドを塗りはじめます。ほぼ同じ厚みなら、無地のものから先に。また、柄布を貼り合わせる際、ハケを動かすときは模様の方向に沿って…をお忘れなく。

布に水溶きボンドを塗ります

❽ 1枚目の布をシートにのせる。表裏がある場合は、裏を上にして置く。ハケに水溶きボンドをつけたら、まず布上部の端に塗って、布が動かないよう固定する。

❾ 続けて上部全体に塗り広げ、さらに布が動かないように固定する。

もう1枚の布を重ねます

⑨ ハケを縦方向・横方向に大きく動かしながら、全体に塗り広げる。布が濡れた色に変わるまでたっぷりと塗るのがポイント（柄布の場合は左ページポイント参照）。1枚仕立てにする場合は、この後プロセス⑯の作業に。

⑩ もう1枚の布を、表を上にして持ったら、まず⑨の上部の布端と合わせる。

再び水溶きボンドを塗ります

⑪ 布を少しずつ倒し、手のひらで布の中心から端に向かってやさしくなでるようにしながら空気を抜き、なじませていく。空気やシワが入ったら、その時点ですぐ直してのばして。

⑫ 重ねた布の上からも、むらなく全体に水溶きボンドを塗り広げる。

裏返します

⑬ **Point!** 作業の途中で糸くずを見つけたら、そのつど取り除く。そのまま乾かしてしまうと、取れなくなるので気をつけて！

⑭ 布端を持って裏返し、全体に水溶きボンドが塗れているかチェック。

⑮ 塗りもれがあったら塗っておく。特に布端に塗りもれが多いので、しっかり確認。

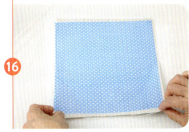

さらに塗りもれをチェックします

乾かします

⑯ 再び布端を持って返し、2枚目に重ねた布表面もチェックする。

⑰ 乾かす際は、ハンガーにとめて。布は置いた状態で、こんな風に洗濯ばさみをとめたハンガーを近づけてはさむと作業しやすい。

⑱ 風通しのいいところでしっかり乾かす。天気や布のサイズによって変わるが、速いと1時間半、遅くても5～6時間で乾く。

54ページに続きます

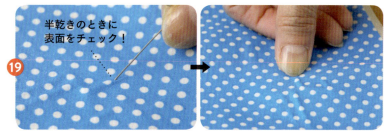

⑲ 半乾きのときに表面をチェック！

もし空気が入っている部分を見つけたら、ここで補修。空気の部分に針を刺し、ツメでしごくようにして空気を押し出す。その後、上から指の腹で押して表面を整えておく。

⑳ 乾いたら、ハンガーからはずす。この時点では、こんな風にクネクネ波打っていても大丈夫。

㉑ 中温〜高温のドライでアイロンをかけ、まっすぐ平らに整える。

クラフト布ができた！

Before using

必要なサイズにカットします

㉒ まず、四辺のうち一辺（どこでも可）をカットする。一辺に定規を当て、定規が動かないよう、ウエイトを置いたら、手で押さえながらカッターでカットする。

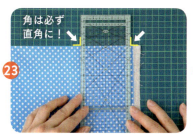

㉓ 角は必ず直角に！

次の辺をカットする。一辺目にカットした線と直角になるよう、定規のラインをカット線に合わせて置く。必要なサイズがとれるよう、長さも測りながら作業を。

㉔ 続けて上にウエイトを置いて押さえ、カッターでカットする。三辺、四辺目も同様に、サイズと直角をチェックしながら（ここでは21×23cmにカット）。

差し金を使うときは…

こちら側をカット

一辺をカットしたら、そのラインに差し金を引っかけるようにしてピッタリと合わせる。そのままウエイトを置いてカットを。幅が細くてカットしづらい場合は、鉛筆で線を引いて差し金をはずし、定規に代えてカットしてもいい。

準備OK！

角が直角でサイズ通りにまっすぐカットできていれば、作品もきれいに仕上がる。

Next Step! How to Use CRAFT-NUNO
クラフト布の使い方

クラフト布ができたら、今度はそれを使った小物づくりに挑戦！
まずは、ボックス作りの手順を追いながら基本の使い方をマスターしましょう

折り線を引きます

鉛筆で、ボックスの高さ（今回は4cm）ぶんの線を引く。方眼定規なら、目盛り（4cm）のラインに合わせて定規を置くだけで正確にまっすぐ線を引けるのでラク。線は、見えやすい布のほうに書く。右図ではわかりやすいように太い点線になっているが、実際は薄く細い線でOK。

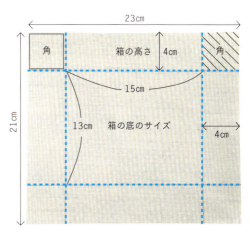

線に沿って折ります

❷ ヘラのとがったほうの先端を線の上にあてて押さえ、布を少しずつ持ち上げて、折りぐせをつける。

❸ 線に沿って少しずつヘラの場所を移しながら、そのつど布を持ち上げてくせをつけていく。線同士が交差する角部分は特にしっかりと。

❹ 一辺にくせをつけたら、続けて四辺すべて同様にして折っておく。この折り方の場合、見えているリネン地がボックスの内側になる。

線を引いたほうを表側にする場合は…

ヘラは使わず手で、線に沿って一辺ずつ折っていく。どちらの折り方でもいいが、布の色や素材によっては若干線が残る場合があるのでそこだけ気をつけて作業を。

❺ ❷〜❹でつけた折りぐせに合わせて、四辺ともしっかりと折りたたんで折り目をつける。

線を消すのは
アイロンをかける前に

Point!

❻ 折り目がついたところで、鉛筆の線を消しゴムで消す。線をつけたままアイロンをかけると、布に定着して消えなくなってしまうので、気をつけて！

▶▶▶ 56ページに続きます

アイロンで折り目をつけます

❼ 消しゴムで線を消したら、アイロンでさらにしっかりと折り線をつける。温度は中〜高温のドライで。

角を折ります

❽ ヘラのとがったほうの先端を、折り線の角（短辺と長辺の折り線が交差したところ）にあてる。同時に、もう一方の手でクラフト布の端をつまむ。

❾ ヘラで角をしっかり押さえながら、つまんだクラフト布の端を持ち上げる。

❿ クラフト布の端（角）からヘラで押さえた角に向かって半分に折りたたむ。

⓫ ヘラをはずしてしっかりと折り、同時に角全体の線にも折り目をつける。

⓬ 内側だけでなく、外側からもチェック。指先で角のラインを押さえ、折りながら、角全体のラインを整える。

⓭ 整えたら、クリップでとめる。

⓮ 同様にして、角4箇所を折って形を整え、クリップでとめておく。

折りづらくなってきたらそのつどアイロンをあてやわらかくしながら作業しましょう！

こんなくせのつけ方も

ヘラで鉛筆の折り線全体を強くなぞると、より早くしっかりくせがつく。ただこの場合、消しゴムで消しても線が少し残るので、線が目立たない色柄の布のときに使う〜など、注意してトライを。

How to Use CRAFT-NUNO

折った角部分を貼り合わせます

⑮ 折りたたんだ角を広げて、布用ボンドをつける。

⑯ ボンドは、ヘラで全体にまんべんなく塗り広げる。量が多すぎると貼ったときにはみ出てきてしまうので、気をつけて。

⑰ 塗り広げたら、再び角を合わせながら折りたたむ。

角部分をボックス側に貼ります

⑱ さらに上からアイロンをあてて、しっかり接着。残りの角部分もすべて貼っておく。

⑲ 続けて、貼り合わせた角部分をボックスに貼り合わせる。ボックスの長辺にあたる側の面に、布用ボンドを塗り広げる。

⑳ ボックス側に倒して貼り合わせたら、指で全体を押さえる。ちなみに本体を作るときはボックスの長辺側、フタのときは短辺側に角を倒して貼るとバランスがいい。

㉑ 上からアイロンをあてて、さらにしっかり接着する。

㉒ 内側だけでなく、ボックスの外側からもアイロンをあて、しっかりと押さえておくと万全。

㉓ 角をクリップでとめておく。冷めたらはずし、形を整えて仕上げる。

＼できあがり！／

フタをつけたいときは、底のサイズを本体よりも縦横5mm大きくして作ればOK。

Arrange CRAFT-NUNO
こんな使い方もできます！
クラフト布アレンジ

Part 1 型にはめて、好きなカタチに変身させる

クラフト布は、シートの状態で折ったり貼ったりして形を作るだけにあらず。お菓子の型や器を利用すれば、どこも切ったり貼ったりせずに好きなカタチにすることができます。まずはその方法、じっくりごらんください！

材料と道具

クラフト布（型の外側のサイズより2cm大きめに用意）、ヘラ、同じ型2個（好みのものでOK。ここでは直径7cmのブリオッシュ型を使用）、ドライヤー。

クラフト布をやわらかくします

① 霧吹きでクラフト布全体に水を吹きかけて湿らせる。

② 手で軽くもんで、やわらかくする。

型にはめてカタチをつけます

③ ②を型にはめる。完成したとき、外側にしたいほうを下にする。

④ 型にのせたら、指でクラフト布をなじませながら型のラインに沿わせていく。

⑤ ある程度沿わせたところで、上からもうひとつの型をのせてクラフト布をはさむ。

⑥ 型2個を指でしっかり押さえて密着させながら、型にピッタリはまるよう、クラフト布を引っぱったり伸ばしたりして整える。

⑦ 後ろ側からも同様に。最初は少しやりづらいが、徐々に整えやすくなり、カタチがついてくる。

How to Use CRAFT-NUNO

ドライヤーで少し乾かします

縁を切り落とします

⑧ 整えたら型にはさんだままの状態で、ドライヤーを当てて徐々に乾かしていく。まず、表側から。

⑨ 続けて、後ろ側からもドライヤーをあてる。数十秒〜1分程度ずつ、表と後ろを返しながら数回繰り返す。ヤケドをしないように気をつけて。

⑩ 粗熱が取れたら、型からはみ出ている部分を切り落とす。まずはザックリとカットを。

さらにカタチをつけます

⑪ 続けて、型の輪郭に沿って、ていねいに切り落とす。

⑫ ここで、上の型をいったんはずす。

⑬ 下の型ははめたまま、型の溝ひとつずつにヘラのスティック部分を強く押し当てながら、さらにしっかりカタチをつけていく。

⑭ 上の型を戻したら、下の型をはずす。

⑮ 今度はクラフト布の後ろ側から、⑬と同様、溝にヘラを当ててしっかりとカタチをつける。この後、型を戻し、型にはさんだ状態で完全に乾かす（約半日）。

＼できあがり！／

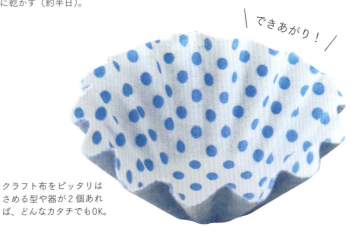

クラフト布をピッタリはさめる型や器が2個あれば、どんなカタチでもOK。

Arrange CRAFT-NUNO
クラフト布アレンジ

Part 2 "逆クラフト布"で、コサージュ

作ったクラフト布を、小物づくりに使うのではなく、先に作ってから、クラフト布にしてみたらどうだろう——。そんな逆の発想から思いついたのが、これ。"逆クラフト布"いちばんのおすすめアイテム、コサージュの花を作りながらその手順をご紹介します。

| 花びらを準備します

型紙（93ページ参照）を使って、布を花びら型にカットする。花びらの枚数やサイズはお好みで。ここでは大小3つの花びらを計6枚用意した。

❶を大きいものから順に重ね、中心を縫いとめる。しっかりとめてあればどんな縫い方でも大丈夫。

| 水で濡らします

❷を水に浸し、全体に十分水気を吸わせる。

取り出して、水気を絞る。

| ボンドをつけます

指に木工用ボンドをつけながら、花びら1枚ずつにまんべんなく塗り広げる。直接指につけるのが気になる場合は、ビニールの手袋をして作業を。

塗り終えたら、アルミホイルをクシャクシャにして広げた上で乾かす（こうすると、花びらがアルミホイルにくっつかない）。

| 形を整えます

半乾きくらいのときに一度、その後八分くらい乾いたところで再度形を整える。花びらの縁は、指で広げたり押したりして、カーブをつける。

中心側は、指で花びらをつまみ、ヒダを多めにつける。形を整えたら、完全に乾かす（5〜6時間）。

\| 花ができた！

この後、裏にピンをつければコリージュに。

CRAFT-NUNO Q&A
クラフト布Q&A

クラフト布に関する疑問と解決策、
知っておくと役立つ情報をまとめました。

防水スプレーF。水だけでなく油もはじき、革製品にも使える。300㎖/コニシ

Q クラフト布って洗濯できますか？

A 洗うとボンドの成分が流れ出てしまうので、洗濯はNG。ただ、表面を水拭きしたり、サッと水を流して汚れを落とし、拭き取る〜といった程度なら大丈夫です。

Q 防水にできますか？

A できます。水気がつきやすいコースターやマット、屋外で使うバッグなどには、防水スプレーがおすすめ。スプレーしておけば濡れても安心ですし、汚れ防止にも役立ちます。

30cmほど離して、表裏全体にまんべんなくスプレーする。

Q 乾いた後で、空気やシワが入っているのを発見。どうすればいい？

A 空気やシワの入った部分に針を刺し、小さな穴をあけたら、霧吹きで水を軽く吹きつけます。そしてまず指で布が浮いた部分をなぞって平らに整えてから、アイロンがけを。布を少し引っぱり、アイロンでシワを伸ばすようにしてかけるのがポイント。一度できれいにならない場合は、何度か試してみて。

Q クラフト布をかけると、アイロンが汚れそうで心配です

A たしかにたくさんの枚数をかけ続けていると、表面がベタついたり少し汚れたりすることがあります。そんなときはアイロンクリーナーでケアを。アイロンを低温に温め、汚れやベタつきが気になる部分に塗ってこすり、乾いた布で拭き取ればきれいになります。

洗浄液を塗りやすい、ペンタイプのアイロンクリーナー/クロバー

Q ボックスやバッグなどが型くずれしてしまったときは？

A アイロンをかけてやわらかくし、整えれば元どおりになります。温度は中〜高温でドライが基本ですが、シワやよれが直しづらいときは、霧吹きで少し水を吹いてもOKです。

How to Make
材料と作り方

[使用する布のサイズについて]
材料の布は、実際に必要な大きさより周囲1.5～3cm多めに表記してあります。使いたい柄の部分がある場合や、必要サイズを取った後に切れ端部分で何か作る予定がある場合などは、さらに余裕を持って用意してください。

[使用する布の厚みについて]
クラフト布は使う布の厚みによって、ハリ感など仕上がりが変わります。丈夫にしたいときは厚手を合わせる～など、用途や好みに合わせて選んでください。
本書では布の厚みを大きく以下の4つに分け、材料記載部分に記しました。布選びの際の目安にしてください。（神経質にならずだいたいこのくらい～といった目安程度でOK）

薄手☆☆……リバティなどのローン地、ブロードなど
　普通☆……シーチング、ダンガリー、手ぬぐい地、リネン地※、一般的な
　　　　　　綿柄布（やや薄手のものもこちらに含みます）など
　中厚★……オックス、ツイル、綿麻、一般的なナチュラルリネン地※など
　厚手★★……デニム、帆布など
※リネン地は厚みがまちまちなので、文中では使用した布に合わせ☆★をつけてあります。

[作品制作中の使用ボンドと、アイロンの使い方について]
クラフト布で作品を作るときは、すべて布用ボンドを使用します。
アイロン使用可の布用ボンドについては、必ずアイロンを使って接着し、より丈夫に仕上げてください。作業途中でクラフト布がかたくなり、作業しづらくなってきたときも、そのつどアイロンを当ててやわらかくしながら。そうすることでより作業しやすく、きれいに仕上がります。

MANY COASTERS
コースターいろいろ
>>> 8〜9ページ

[材料]
コースター1枚につき、綿の柄布☆とナチュラルのリネン地★　12×12cm程度を各1枚ずつ
木工用ボンド
[使用クラフト布サイズ] 10.5×10.5cm
[できあがりサイズ] 10.5×10.5cm

[作り方]
① 52〜54ページを参照して、クラフト布を作る。そのとき★（上の写真参照）は一辺にリネン地のみみの房部分を出して2枚を貼り合わせる。
② ＊は2枚をピッタリ合わせず、柄布側は切りっぱなしの状態でリネン地に貼り合わせる。
③ ☆のリネン地はキッチンクロス（84ページで使用した余り）を使用。端の縫い目の部分を利用してクラフト布にした。それ以外は基本の作り方で作る。
④ ①〜③が乾いたら、サイズ通りにカットして仕上げる。

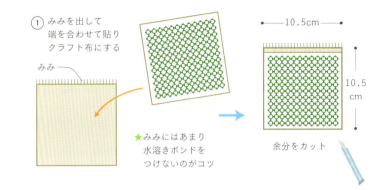

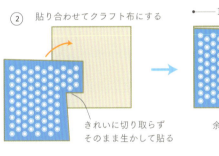

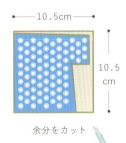

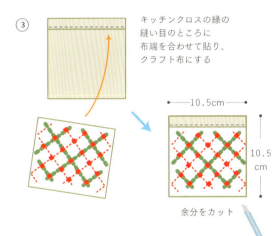

Place Mats
ランチョンマット
>>> 10ページ

[材料]
A…綿の柄布（手ぬぐい地）☆、うすこげ茶色のリネン地★
B…綿の柄布（手ぬぐい地）☆、うすこげ茶色のリネン地★　ともに40×32cmを各1枚ずつ
木工用ボンド
[使用クラフト布サイズ] 36.5×28.5cm
[できあがりサイズ] 36.5×28.5cm

[作り方]
① 52〜54ページを参照して、クラフト布を作る。
② ①が乾いたら、サイズ通りにカットして仕上げる。

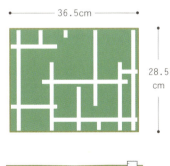

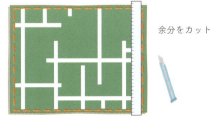

HOLDER for KITCHEN TOOLS
キッチンツールホルダー
>>> 12ページ

[材料]
表 赤＆アイボリーの綿の柄布★、裏 からし色の綿
11号帆布★★　各41×53cm
ポケット用の布…からし色の綿11号帆布★★　18×38cm
木工用ボンド、布用ボンド、S字フック適量
[使用クラフト布サイズ] 38×50cm
[できあがりサイズ] 38×50cm

[作り方]
① 52〜54ページを参照して、クラフト布を作る。
② ①が乾いたらサイズ通りにカットする。
③ 普通の布でポケットを作って、布用ボンドで②に貼る。
④ 目打ちでS字フックをかける穴をあける。

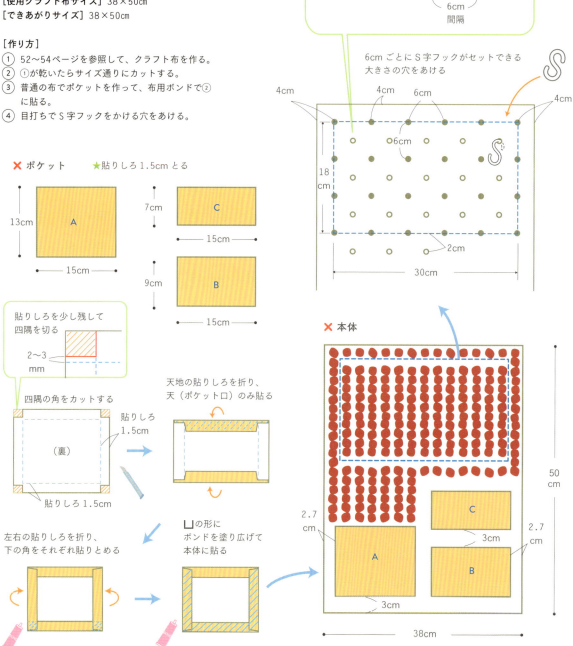

Cute Magnets
マグネット

>>> 11ページ

[材料]
表 好みの柄（切り抜いたとき、マグネットにできるもの）布、綿でもリネンでも可☆★。
裏 好みのもので可（写真はすべてナチュラルのリネン地★）。ともに適量用意する。
木工用ボンド、マグネット、多用途の接着剤
[使用クラフト布サイズ] 適量
[できあがりサイズ] 写真は6×6cm前後

[作り方]
① 52〜54ページを参照して、クラフト布を作る。
② ①が乾いたら柄の部分を切り抜き、裏にマグネットをつける。

作ったクラフト布の柄をハサミで切り抜く

マグネット

多用途の接着剤でマグネットを貼る

★マグネットの大きさは切り抜いた布に合わせてお好みで

（裏）

COFFEE FLTER CASE
コーヒーフィルターケース

>>> 13ページ

[材料]
綿の柄布（手ぬぐい地）☆　35×35cm
木工用ボンド、S字フック
[使用クラフト布サイズ] 33×33cm
[できあがりサイズ] 16.5×16.5cm

[作り方]
① 52〜54ページを参照して、1枚仕立てでクラフト布を作る。
② ①が乾いたら、サイズ通りにカットして四つ折りにする。
③ 上部の角4枚に目打ちでS字フックを通す穴をあける。

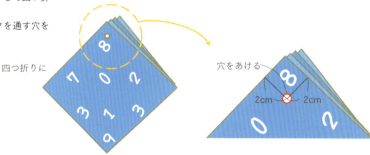

四つ折りに

穴をあける

2cm　2cm

Tray with The Handle
持ち手つきトレー
>>> 14〜15ページ

[材料]
A…トレー本体 表綿麻の柄布★、裏ブルーの綿
　11号帆布★★ 各49×37cm
　持ち手 ブルーの綿11号帆布★★ 19×15cm
B…トレー本体 表綿麻の柄布★、裏ナチュラル
　のリネン地★★ 各53×41cm
　持ち手 ナチュラルのリネン地★★ 19×15cm
木工用ボンド、布用ボンド

[使用クラフト布サイズ]
トレー本体
A…45×33cm
B…49×37cm
持ち手 ABともに15×5.5cm

[できあがりサイズ]
A…33×21cm
B…37×25cm　持ち手部分含まず

[作り方]
① 52〜54ページを参照して、クラフト布を作る
　（持ち手は1枚仕立てで作る）。
② ①が乾いたらトレー本体、持ち手をそれぞれサ
　イズ通りにカットする。
③ 55〜57ページと図を参照して②の本体に折り
　線を引き、切り込みを入れる。
④ ③に折りくせをつけたら、②の持ち手を折って
　さし、布用ボンドで貼る。
⑤ ④を長辺→短辺の順に折って貼り合わせる。

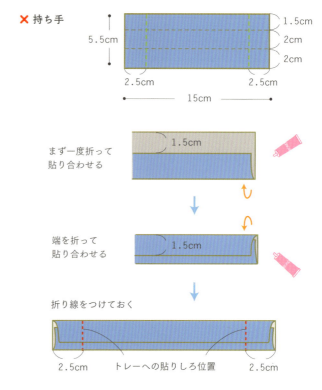

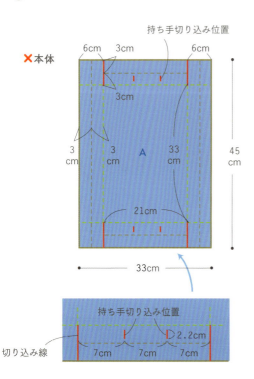

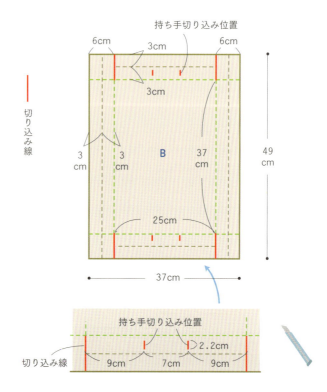

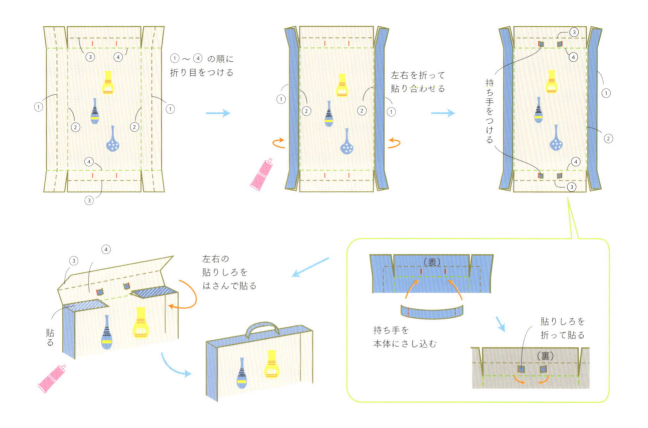

COLORFUL CUPS PARTY
マドレーヌ＆ブリオッシュカップ
>>> 16〜17ページ

[材料]
内側 綿の柄布（カップ柄、水玉、ストライプなど）、
表 無地など☆　13×13cm
マドレーヌ、ブリオッシュカップともに、1個につき2枚ずつ用意する。
木工用ボンド
[使用クラフト布サイズ]　11.5×11.5cm
[できあがりサイズ]
マドレーヌ　直径7.5×高さ1.8cm、ブリオッシュ 直径7×高さ2.8cm（それぞれ上記と同サイズの型を各2個使って製作）

[作り方]
① クラフト布を作って、必要サイズにカットする。
② ①を霧吹きでいったん湿らせ、マドレーヌ、あるいはブリオッシュ型にはめてカタチをつける。
③ ②が乾いたら、できあがり。

POINT
型にはめたら上から重石をのせ、ひと晩ほどおいて乾かすと、よりしっかりカタチがつきます。

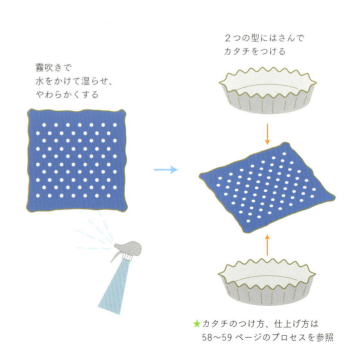

★カタチのつけ方、仕上げ方は58〜59ページのプロセスを参照

Stylish Envelopes
封筒いろいろ
>>> 18ページ

[材料]
A…ライムグリーン／水色の綿水玉柄布☆　25×22cm
B…こげ茶／緑の綿水玉柄布☆　26×26cm
C…ライムグリーンの綿シーチング☆　17×16cm
D…グリーン／白の綿水玉柄布☆　17×16cm
E…ライムグリーン／白の綿水玉柄布☆　18×18cm
木工用ボンド、布用ボンド（スティックタイプ）
[使用クラフト布サイズ] A〜Eの各型紙参照
[できあがりサイズ]
A…16.3×11cm
B…13.4×9.2cm
C、D…7×11.3cm
E…9.2×6.2cm

[作り方]
① 52〜54ページを参照して、1枚仕立てでクラフト布を作る。
② ①が乾いたら、型紙通りにそれぞれカットする。
③ 貼りしろを布用ボンドで貼って仕上げる。

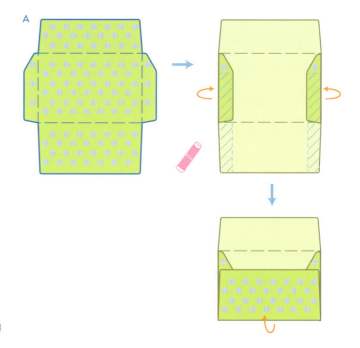

B・E　★Bは型紙Eを145％に拡大して使用

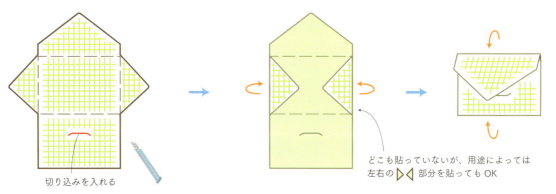

切り込みを入れる

どこも貼っていないが、用途によっては左右の ▷◁ 部分を貼ってもOK

C・D

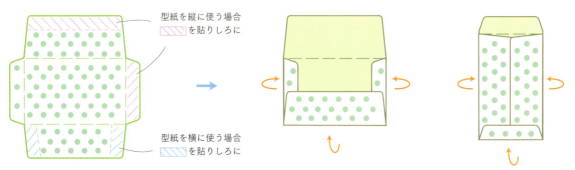

型紙を縦に使う場合 ▨ を貼りしろに
型紙を横に使う場合 ▨ を貼りしろに

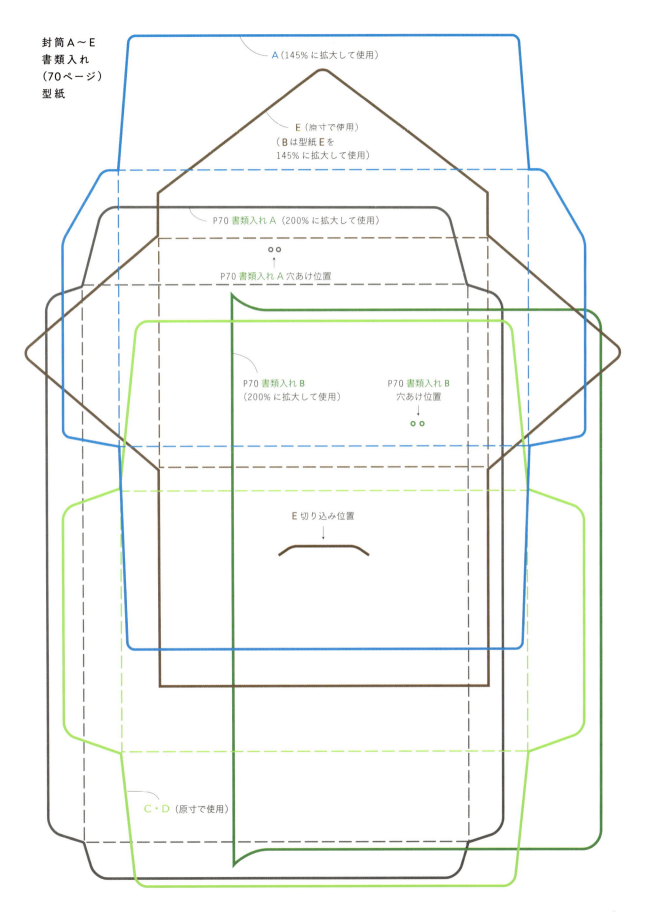

Document Case
書類入れ
>>> 19ページ

[材料]
表 綿の柄布（手ぬぐい地）☆、内側 紺色のリネン地☆ 各29×40cmと24×32cm
木工用ボンド、布用ボンド、直径20mmの貝ボタン2個、麻ひも（細め）80cm程度

[使用クラフト布サイズ]
69ページの型紙参照

[できあがりサイズ] 21×30cm

[作り方]
① 52～54ページを参照し、クラフト布を2枚に分けて作る。
② 乾いたら、それぞれサイズ通りにカットし、55～57ページを参照して折り線を引き、くせをつける。
③ ②にボタンをつける。そのとき、表のフタ側はひもを35cm程残しておく。
④ 2枚の貼りしろを布用ボンドで貼り合わせる。

POINT
クラフト布は、サイズが大きくなりすぎると作りづらくなります。一辺の長さが60cmを超えてしまうようなときは、パーツの大きさに合わせ、数枚に分けて作りましょう（ここでは2枚に分けて製作）。

★型紙は69ページ

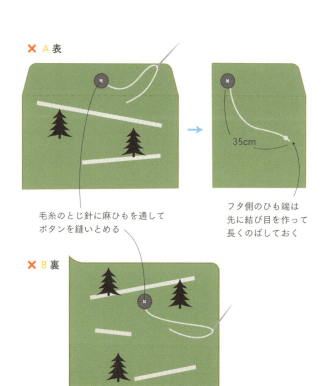

毛糸のとじ針に麻ひもを通してボタンを縫いとめる

フタ側のひも端は先に結び目を作って長くのばしておく

2枚を外表に合わせ、貼りしろにボンドを塗り広げて貼り合わせる

PEN STAND
ペン立て
>>> 20ページ

[材料]
A…[表]綿のハウス柄布☆、[内側]ブルーの綿ダンガリー☆ 各43×17cm
B…[表]綿の変わりストライプ柄布☆、[内側]ブルーの綿ダンガリー☆ 各38×16cm
C…[表]水色/ライトグレーの柄リネン地★、[内側]アイボリーのリネン地☆ 各33×15cm
木工用ボンド、布用ボンド

[使用クラフト布サイズ]
A…26.7×12.5cm、直径8cmを2枚
B…23.5×11.5cm 直径7cmを2枚
C…20.4×10.5cm 直径6cmを2枚

[できあがりサイズ]
A…直径8×高さ11cm
B…直径7×高さ10cm
C…直径6×高さ9cm

[作り方]
① 52～54ページを参照して、クラフト布を作る。
② ①が乾いたら本体、底のパーツをそれぞれサイズ通りにカットする。
③ 本体用の布底側の貼りしろに切り込みを入れ、折り目をつける。
④ ③の両端を布用ボンドで貼り合わせて筒型にしたら、底の貼りしろを底用布2枚ではさむようにして貼り合わせる。

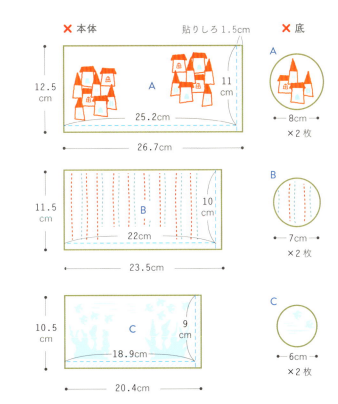

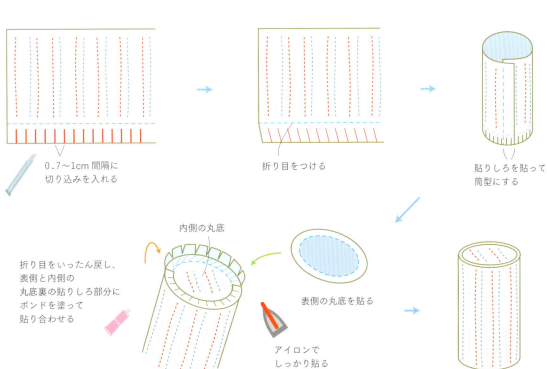

SMALL TOTE BAGS
ミニトートバッグ
>>> 21ページ

[材料]
A…表 青/白の綿細ボーダー柄布☆、内側 ナチュラルのリネン地☆ 各20×36cm
B…表 水色/白の綿ストライプ柄布☆、内側 ナチュラルのリネン地☆ 各16×29cm
C…表 紺色/白の紺水玉柄布☆、内側 ナチュラルのリネン地☆ 各13×23cm
幅3mmの平革ひも Aは17cm×2本、Bは15cm×2本、Cは12cm×2本
木工用ボンド、布用ボンド

[使用クラフト布サイズ]
A…11×28.5cm、6×34cm
B…8.5×22cm、5×26.5cm
C…7×16.5cm、3.5×21cm

[できあがりサイズ]
A…11×11.5×5cm
B…8.5×9×4cm
C…7×7×2.5cm

[作り方]
① 52～54ページを参照して、クラフト布を作る。
② ①が乾いたら、型紙のサイズ通りにカットする。
③ 55～57ページと図を参照して②に折り線を引き、くせをつける。
④ ③を布用ボンドで貼り合わせ、持ち手部分に目打ちで穴をあける。
⑤ あけた穴に持ち手用の革ひもを通し、内側で貼ってとめる。

✕ 本体

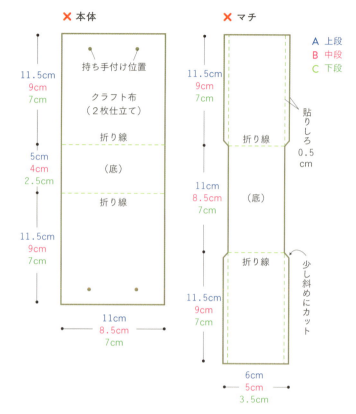

✕ マチ

A 上段
B 中段
C 下段

✕ 持ち手つけ位置

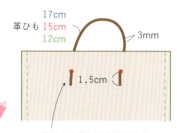

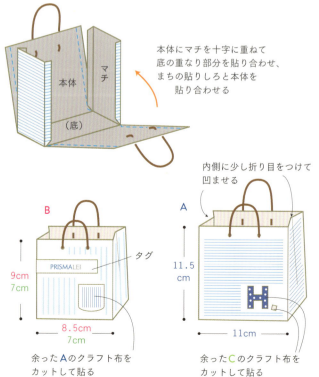

ミニトートバッグ型紙

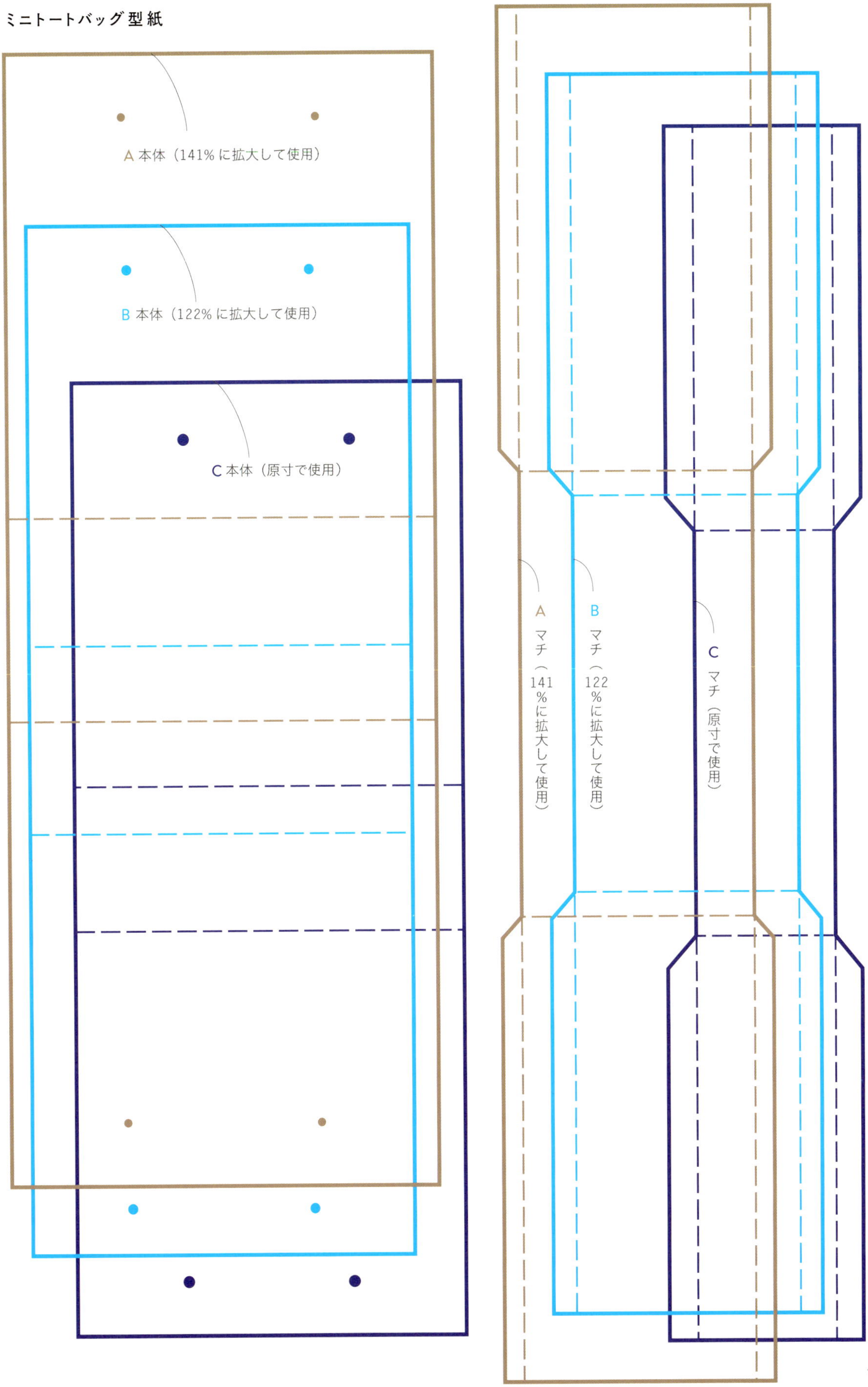

A 本体（141%に拡大して使用）

B 本体（122%に拡大して使用）

C 本体（原寸で使用）

A マチ（141%に拡大して使用）

B マチ（122%に拡大して使用）

C マチ（原寸で使用）

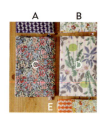

Book Jackets
文庫本カバー
>>> 22〜23ページ

[材料]

A…表 リバティ タナローン花柄☆ 27×20cm、幾何学柄☆14×20cm、内側 薄茶色のリネン地☆ 41×20cm

B…表 リバティ タナローン☆、内側 オレンジ色のリネン地★ 各41×20cm

C…表 リバティ タナローン☆、内側 薄紫色の綿ダンガリー☆ 各41×20cm

D…表 リバティ タナローン☆、内側 サーモンピンクのリネン地★ 各41×20cm

E…表 リバティ タナローン花柄☆ 41×14cm、幾何学柄☆ 41×7.5cm、内側 ベージュのリネン地☆ 41×20cm

木工用ボンド、布用ボンド、しおり用の細ひも（幅3mm）各25cm、カラーゴム（幅7mm）各20cm

[使用クラフト布サイズ] A〜Eともに39×17cm
[できあがりサイズ] A〜Eともに約12×17cm

[作り方]
1. 52〜54ページを参照して、クラフト布を作る。
2. ①をサイズ通りにカットし、折り線など各位置に印をつける。
3. ①の切れ端を利用し、しおりひもを貼るテープ用、ひも先のアクセント用のクラフト布もカットしておく。
4. ②の見返し（右側）を折って、貼りしろを布用ボンドで接着。反対側には、見返しをはさむゴムを貼る。
5. ③でカットしたテープで④にしおりひもをとめ、ひも先にアクセントの布を貼り合わせる。

カバーの使い方
本の表紙側のカバーを見返しにさし込んだら、いったん本を閉じ、反対側の見返しを本にかぶせてちょうどいいところで折り返し、カバーと一緒にゴムに通します。

[AとEのクラフト布のしかた]

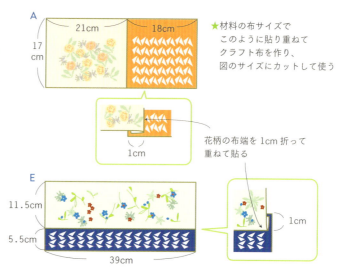

★材料の布サイズでこのように貼り重ねてクラフト布を作り、図のサイズにカットして使う

花柄の布端を1cm折って重ねて貼る

✕本体

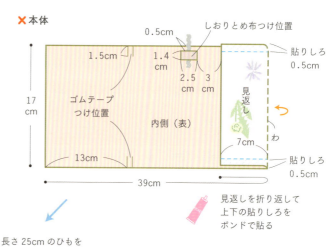

見返しを折り返して上下の貼りしろをボンドで貼る

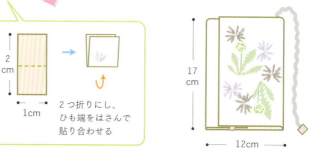

★しおりとめ布・しおりの先の布は余ったクラフト布使用

★ゴム部分の接着が弱い場合は、共布をカットして上からかくすように貼るか、外側にボタンをつけて強化する

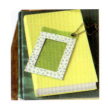

PASS CASE
パスケース
>>> 24ページ

[材料]
前 ベージュの綿柄布☆、後ろ もえぎ色のリネン地
★ 各19×15cm
木工用ボンド、布用ボンド、透明プラスチックシート（見つからない場合は、透明の写真ファイルや、お菓子、化粧品などの透明ケースを利用しても）
外径10mmのハトメ1組、幅約4mmのチェーン18cm、丸カン・カニカン各1個

[使用クラフト布サイズ]
前7.5×10.5cm、後ろ7.5×12cm

[できあがりサイズ]
7.5×12cm（チェーン部分のぞく）

[作り方]
① 52〜54ページを参照して、クラフト布を作る。
② ①と透明シートをサイズ通りにカットする。
③ ②のうち、まず前面用のクラフト布と透明シートを貼り合わせる。
④ ③と後ろ面用のクラフト布を貼り合わせる。
⑤ ハトメを取りつけ、チェーンを通して仕上げる。

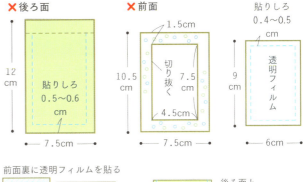

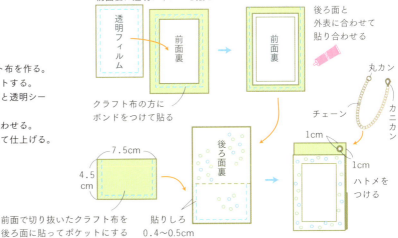

CARD CASE
カードケース
>>> 25ページ

[材料]
表 ブルー/黒のチェック柄リネン地★、内側 ブルー/グリーンの綿水玉柄☆　各31×15cm
木工用ボンド、布用ボンド、外径15mmの丸カン1個

[使用クラフト布サイズ]
27.5×11cm（タグ風テープ部分のぞく）

[できあがりサイズ] 11×7cm

[作り方]
① 52〜54ページを参照して、クラフト布を作る。
② ①が乾いたら、サイズ通りにカットする。
③ ②を両端から折りたたみ、布用ボンドで貼りしろを貼り合わせる。
④ ③に丸カンを取りつける。
⑤ ①の切れ端をテープ状にカットし、④に通して貼る。

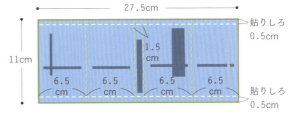

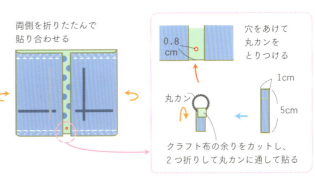

ORIGAMI Bookmarks
ハギレで ブックマーク
>>> 26ページ

[材料]
綿の無地、柄布各種☆☆、☆もやや薄手のものがおすすめ　各8.5×8.5cm、木工用ボンド
[使用クラフト布サイズ] 7.5×7.5cm
[できあがりサイズ] 約3.7×3.7cm

[作り方]
① 52～54ページを参照して、1枚仕立てでクラフト布を作る。
② ①が乾いたらサイズ通りにカットし、図を参照して折りたたむ。

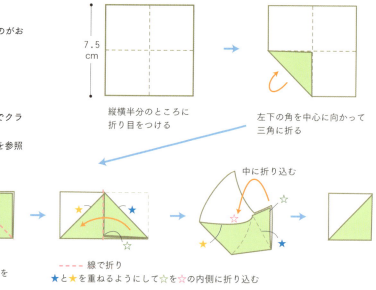

Colorful Tags
切れ端で タグ
>>> 27ページ

[材料]
クラフト布の余った切れ端、#30前後のワイヤー　各適量
[できあがりサイズ] 好みでアレンジを

[作り方]
① クラフト布の切れ端や余りを、好きなサイズ・形にカットする。
② 目打ちで①に穴をあけ、ワイヤーを通して付け根をねじればできあがり。

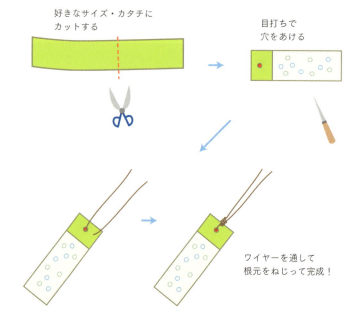

Small Three Pendants
3連ペンダントライト
>>> 30ページ

[材料]
A…表 ライトグレーの綿シーチング☆、内側 水色のリネン地★ 各48×20cm
B…表 紺/アイボリーの綿の柄布★、内側 水色のリネン地★各48×20cm
C…表 ダークブルーの綿シーチング☆、内側 水色のリネン地★ 各48×20cm
Aは上記の他アクセントにBの柄部分を、CはBの色違いの柄布部分を各4×47cm使用。
木工用ボンド、布用ボンド、厚紙、セットする照明ソケット（78ページ参照）

[使用クラフト布サイズ]
A〜Cともに45.5×17.5cm、アクセントのクラフト布は長さ45.5cm

[できあがりサイズ]
A〜Cともに直径14×17.5cm

[作り方]
① 52〜54ページを参照して、クラフト布を作る。
② 乾いたらサイズ通りにカットし、筒型に貼り合わせる。AとCは利用する柄部分を切り抜き、本体に貼り合わせてから筒型に。
③ 厚紙で、ソケットにセットする台座を作る。
④ ②に③を貼り合わせ、ソケットにセットする。

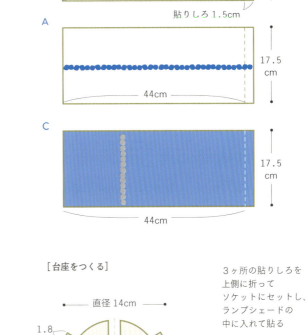

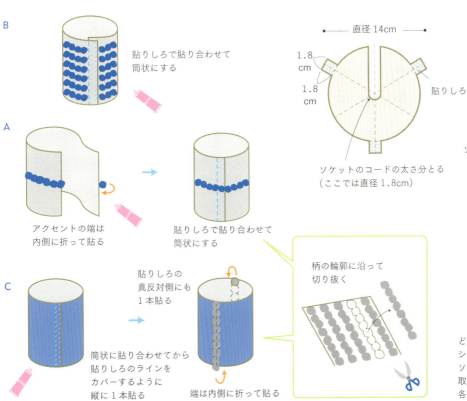

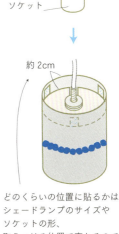

SCANDINAVIAN LAMPSHADE
北欧風ペンダントライト
>>> 28〜29ページ

[材料]
ナチュラルのリネン地★（★の範囲でもやや厚手のものを）47×23cmを2枚
木工用ボンド、布用ボンド、厚紙、セットする照明ソケット
[使用クラフト布サイズ] 21×21cmを4枚
[できあがりサイズ] 19×19×27cm

[作り方]
① 52〜54ページを参照して、1枚仕立てでクラフト布を2枚作る。
② 乾いたらサイズ通りにカットし、それぞれ図のように折りたたむ。
③ ②にカット線を引いて切り込みを入れる。
④ ③を開いて角2箇所を貼り合わせて形を作る。
⑤ 厚紙と③で出た切れ端で、ソケットにセットする台座を作る。
⑥ ④を⑤に貼り、形を整えたら、ソケットにセットする。

POINT
台座は、使用するソケットのタイプに合わせて作って下さい。ここでは、シェードをはさんで固定する、ごらんのタイプのソケットに合わせたものをご紹介しています。

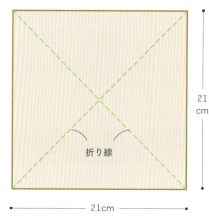

✗ 本体　クラフト布　4枚
21cm × 21cm
折り線

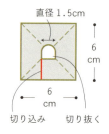

✗ 台座
厚紙　2枚
クラフト布　1枚

直径1.5cm　6cm
6cm
切り込み　切り抜く

★厚紙を図のようにカットし、そのうち1枚にはクラフト布の余りを貼って余分な縁を切り落とす

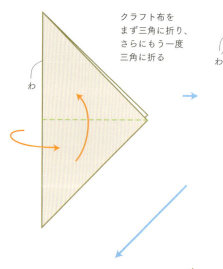

クラフト布をまず三角に折り、さらにもう一度三角に折る

わ

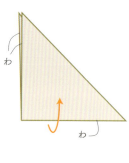

★洗濯バサミなどで挟んでからカットすると布がずれずに切れる

--- 部分をはさみでカットする

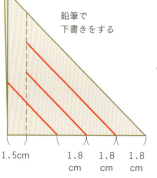

鉛筆で下書きをする

1.5cm　1.8cm　1.8cm　1.8cm

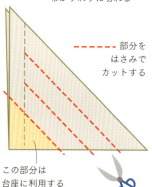

この部分は台座に利用する

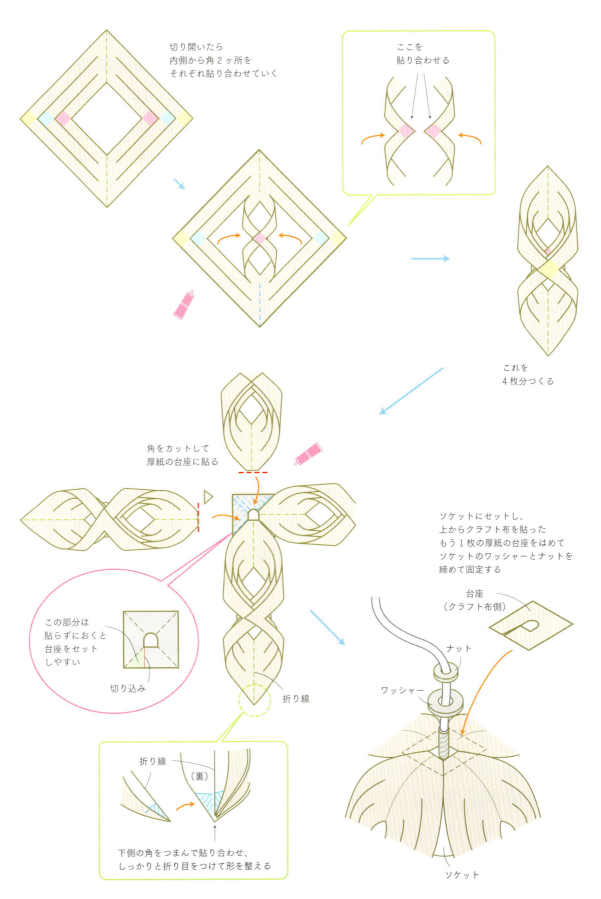

Girly Lampshade
レースのガーリーライト
>>> 31ページ

[材料]
幅18cmの綿ケミカル刺繍レース☆　70cm
幅2cmをのモチーフレーステープ　約1m、♯28の
ワイヤーを適量
木工用ボンド、布用ボンド、セットするスタンド
台座用の材料：工作材、アルミワイヤー（写真は
ベージュカラーのもの）太さ2mmを1m、太さ1mmを
1m

[使用クラフト布サイズ] 18×70cm
[できあがりサイズ] 最大直径20×高さ17cm

[作り方]
① 52〜54ページを参照してクラフト布を作る。
② 乾いたらサイズ通りにカットし、両端を貼り合わせて筒状にする。
③ 台座を作る。まず工作材を曲げながら円形に整え、端を木工用ボンドで貼り合わせる。
④ 太さ2mmのアルミワイヤーを50cmにカットし、中心部分を電球のサイズに合わせて丸く曲げ、根元をねじって図のような形を作る。
⑤ ④を2個作り、ねじった部分を太さ1mmのワイヤーでしっかりと固定したら、先を十字に広げる。
⑥ 広げたワイヤーを③に巻きつけ、しっかりと固定したら、台座は完成。
⑦ 針穴が大きい針に♯28のワイヤーを通し、②の上部をチクチク縫うように通して、台座の円周に合わせて縫いしぼるように縮める。
⑧ ⑦を布用ボンドで台座に貼っていく。布用がつきづらい場合は木工用でもOK。
⑨ ⑧で貼り合わせた部分の表と内側両面にレーステープを貼って仕上げたら、スタンドにセットする。

[筒状に貼るときは]

クラフト布をカットするとき、
端は直線でカットせず、
花柄のラインに沿ってカットする

両端からはさみこむようにして
貼り合わせると
ラインも目立たずきれいに

台座は工作材とワイヤーで好きなサイズのものが作れる。もし、もう使わないシェードがあれば、そこから台座枠をはずして利用しても。

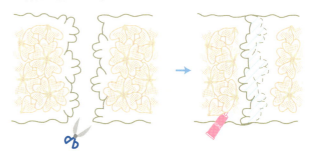

上端から2〜2.5cmのところを
♯28のワイヤーを
ザクザク縫うように通す

貼るときは
台座の工作材に
ボンドをつけて
貼り合わせる

乾くまで要所要所
クリップで固定

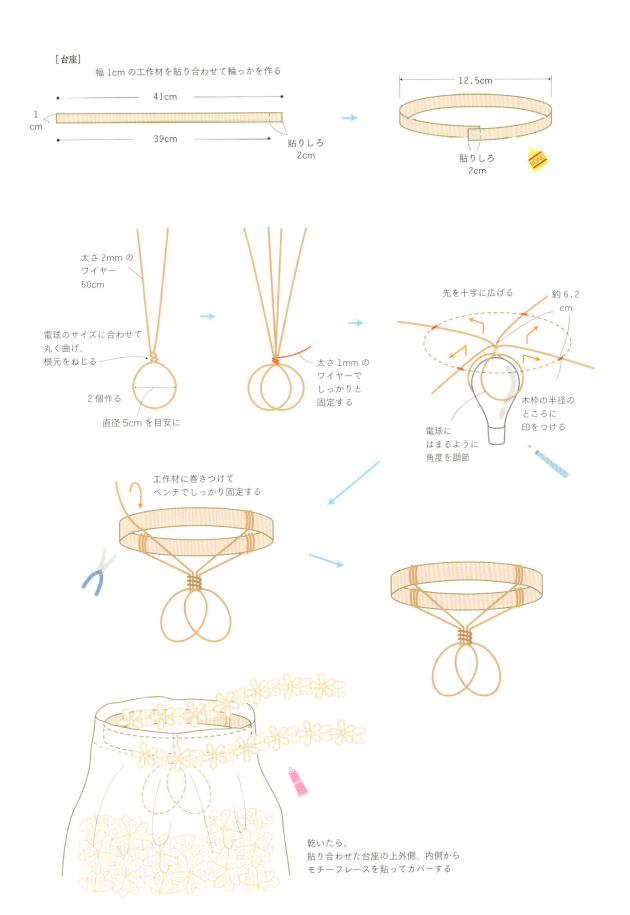

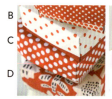

RED POP BOXES
レッドボックス
»» 36〜37ページ

[材料]
A…本体 表 白/赤の綿水玉小柄布☆、内側 赤の綿シーチング☆ 各28×33cm
フタ 表 赤/白の綿小水玉柄布☆、内側 ナチュラルのリネン地☆ 各25×30cm
B…本体 表 赤の綿シーチング☆、内側 キャメルの綿オックス★ 各31×38cm
フタ 表 白/赤の綿水玉柄布☆、内側 ナチュラルのリネン地★ 各28×35cm
C…本体 表 赤/白の綿ストライプ柄布☆、内側 赤の綿シーチング☆ 各34×42cm
フタ 表 赤/白の綿水玉大柄布☆、内側 ナチュラルのリネン地★ 各31×39cm
D…本体 表 ナチュラルのリネン地☆、内側 赤の綿オックス★ 各34×42cm
フタ 表 綿の柄布（手ぬぐい地）☆、内側 アイボリーのリネン地☆ 各31×39cm
木工用ボンド、布用ボンド

[使用クラフト布サイズ]
A…本体24×29cm、フタ20.5×25.5cm
B…本体27×34cm、フタ23.5×30.5cm
C、D…本体30×38cm、フタ26.5×34.5cm

[できあがりサイズ]
A…12.5×17.5×6cm
B…14.5×21.5×6.5cm
C、D…16.5×24.5×7cm

[作り方]
① 52〜54ページを参照して、クラフト布を作る。
② 乾いたら、本体、フタともサイズ通りにカットする。
③ 55〜57ページを参照して、ボックス型に仕上げる。

★折り線に沿ってアイロンで折り目をつけておく

A ✕ 本体
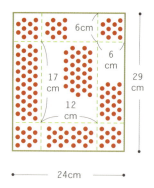

A ✕ フタ
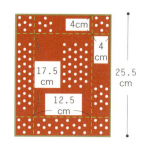

B ✕ 本体
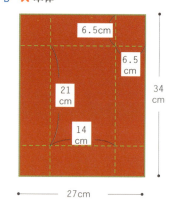

B ✕ フタ
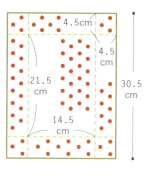

C・D ✕ 本体
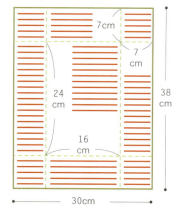

C・D ✕ フタ
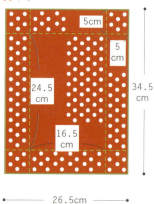

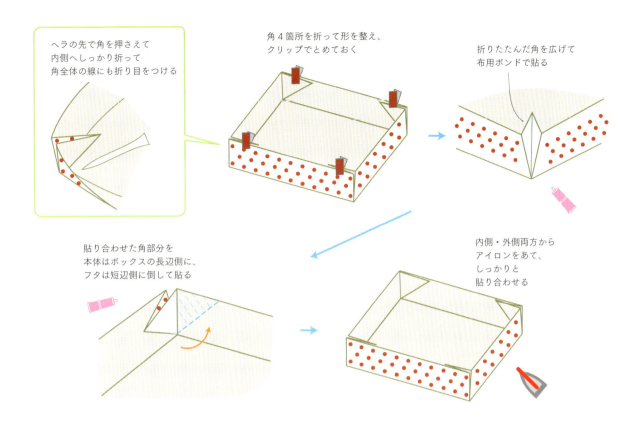

PRECIOUS DOILY CUPS
ドイリーの小物入れ
>>> 33ページ

[材料]
市販の綿のドイリー（もしくは手作りのものでも）
直径 8cm程度
木工用ボンド
[使用クラフト布サイズ] 直径8cm程度
[できあがりサイズ] 直径7×高さ2.5cm

[作り方]
① ドイリーでクラフト布を作る。
② 型にする器を2個用意する。ここでは直径8cmのミニボウルと、その中に収まる直径6cmの木製ボウルを使用。
③ 霧吹きで①をまんべんなく湿らせたら、大きいボウルに入れ、器の形に沿わせる。
④ ③の上から小さいボウルを入れ、しっかり押さえながらドライヤーをあてる。
⑤ しっかり形がつくまで完全に乾かす。詳しい作り方は58〜59ページも参照。

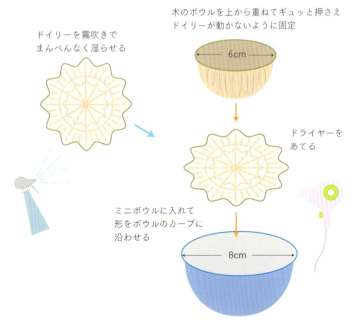

NATURAL LINEN BOXES
ナチュラルリネンボックス
≫ 40ページ

[材料]
A…本体 表 ナチュラル/白のストライプ柄リネン地★、内側 ベージュのリネン地（キッチンクロス）★ 各27×33cm
フタ 表 ベージュのリネン地（キッチンクロス）★、内側 ナチュラルのリネン地☆ 各26×32cm
B…本体 表 ナチュラルの粗織りリネン地★、内側 アイボリーのリネン地★ 各36×45cm
フタ 表 ナチュラル/白のストライプ柄リネン地★、内側 ナチュラルのリネン地 各33×42cm
木工用ボンド、布用ボンド

[使用クラフト布サイズ]
A…本体23×29cm、フタ21.5×27.5cm
B…本体32×41cm、フタ28.5×37.5cm

[できあがりサイズ]
A…12.5×18.5×5.5cm
B…18.5×27.5×7cm

[作り方]
① 52〜54ページを参照して、クラフト布を作る。
② 乾いたら、本体、フタともサイズ通りにカットする。
③ 55〜57ページを参照して、ボックス型に仕上げる。

A ✗本体 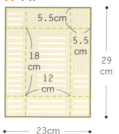 ✗フタ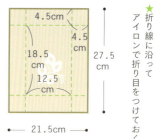

★折り線に沿ってアイロンで折り目をつけておく

B ✗本体 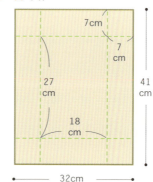 ✗フタ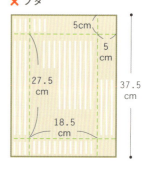

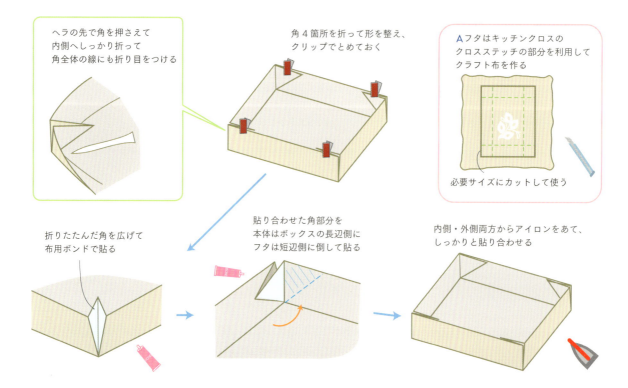

ヘラの先で角を押さえて内側へしっかり折って角全体の線にも折り目をつける

角4箇所を折って形を整え、クリップでとめておく

Aフタはキッチンクロスのクロスステッチの部分を利用してクラフト布を作る

必要サイズにカットして使う

折りたたんだ角を広げて布用ボンドで貼る

貼り合わせた角部分を本体はボックスの長辺側にフタは短辺側に倒して貼る

内側・外側両方からアイロンをあて、しっかりと貼り合わせる

Cube Boxes
サイコロボックス
>>> 38ページ

[材料]
A…本体 表赤/白のリネンギンガムチェック地★、内側 紺色のリネン地☆ 各35×20cm
フタ 表紺/赤/白の綿チェック柄布☆、内側 紺色のリネン地☆ 各15×15cm
B…本体とフタ 表オレンジ/からし色の綿チェック柄布☆、内側 オレンジのリネン地☆ 各38×35cm
C…本体 表紺/ベージュの綿麻チェック柄布★、内側 オレンジのリネン地☆ 各61×33cm
フタ 本体と同じ布2種類 各26×26cm
木工用ボンド、布用ボンド

[使用クラフト布サイズ]
A…本体31.5×16.5cm、フタ12×12cm
B…本体33.5×17.5cm、フタ13.5×13.5cm
C…本体57.5×29.5cm、フタ22.5×22.5cm

[できあがりサイズ]
A…8×8×7.5cm
B…8.5×8.5×8cm
C…14.5×14.5×14cm

[作り方]
① 52〜54ページを参照して、クラフト布を2枚（本体、フタ用）に分けて作る。
② 乾いたら、本体、フタともサイズ通りにカットする。
③ 55〜57ページと図を参照して②の本体に折り線を引き、フタは切り込みを入れる。
④ ③の各折り線をしっかり折りながら貼り合わせて、ボックス型に仕上げる。

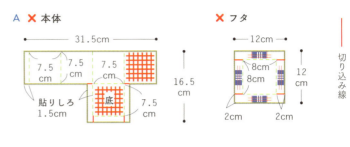

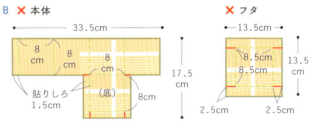

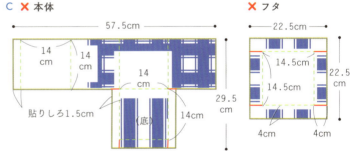

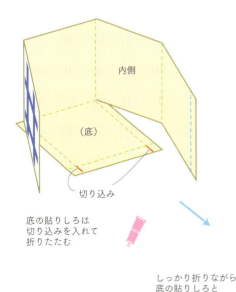

底の貼りしろは切り込みを入れて折りたたむ

★折り線に沿ってアイロンで折り目をつけておく

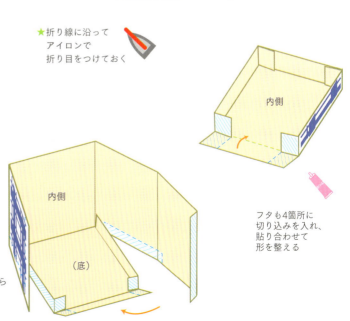

しっかり折りながら底の貼りしろと貼り合わせていく

フタも4箇所に切り込みを入れ、貼り合わせて形を整える

DRUM BOXES
ドラムボックス
>>> 41ページ

[材料]
A…表 綿の柄布（手ぬぐい地）☆、内側 水色の綿シーチング☆
　本体 各55×17cm、本体底 各38×19cm
　フタ 各57×11cm、フタ上部 各39×20cm
B…本体 表 綿の柄布（手ぬぐい地）☆、内側 サーモンピンクのリネン地★
　本体 各43×25cm、本体内底 サーモンピンクのリネン地15×15cmを2枚
　本体表底 フタ表・内側 ピンクのリネン地★
　本体 表底 15×15cmを2枚
　フタ 44×10cmを2枚、フタ上部 32×32cm
木工用ボンド、布用ボンド

[使用クラフト布サイズ]
A…本体 51.7×13.5cm、本体底 直径16cmを2枚
　フタ 53.3×6.5cm、フタ上部 直径16.5cmを2枚
B…本体 39.2×21.5cm、本体底 直径12cmを2枚
　フタ 40.8×6.5cm、フタ上部 直径12.5cmを2枚

[できあがりサイズ]
A…直径16.5×高さ12cm
B…直径12.5×高さ20cm

[作り方]
① 52～54ページを参照して、クラフト布をパーツごとに（本体、フタ、本体底とフタ上部用）作る。
② 乾いたら、それぞれサイズ通りにカットする。
③ 本体底側、フタ上部の貼りしろに切り込みを入れ、折り目をつける。
④ ③の両端を布用ボンドで貼り合わせて筒型にしたら、本体底、フタ上部の貼りしろを底＆フタ上部用の丸いクラフト布2枚ではさむようにして貼り合わせる。

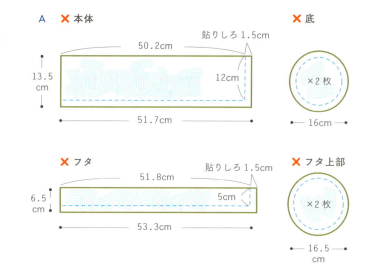

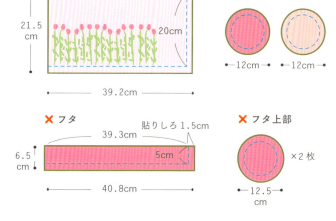

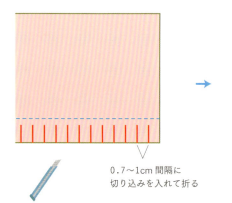

0.7～1cm 間隔に切り込みを入れて折る

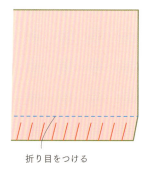

折り目をつける

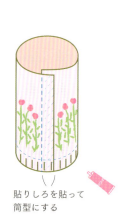

貼りしろを貼って筒型にする

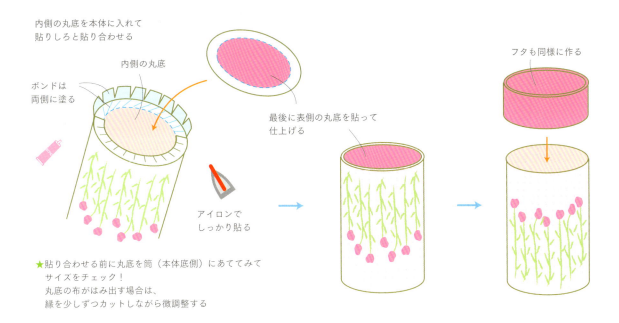

Boxes for Cutlery
カトラリーボックス
>>> 39ページ

[材料]
A…表 若草色の柄リネン地★、裏 若草色の綿シーチング☆　32×22cmを各1枚
B…表 グレー/水色の綿柄布★、裏 水色の綿シーチング　38×33cmを各1枚
木工用ボンド、布用ボンド

[使用クラフト布サイズ]
A…28×18cm
B…34×19cm

[できあがりサイズ]
A…20×10×4cm
B…25×10×4.5cm

[作り方]
① 52〜54ページを参照して、クラフト布を作る。
② 乾いたらサイズ通りにカットする。
③ 55〜57ページと図を参照して②の本体に折り線を引き、切り込みを入れる。
④ 折り線に沿ってしっかりと折り、切り込みを貼り合わせて仕上げる。

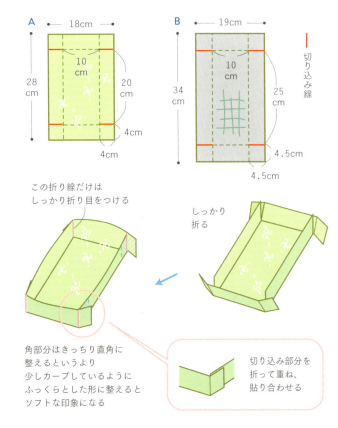

CASE of THE TISSUE BOX
ティッシュボックスケース
>>> 32ページ

[材料]
表 きはだ色/アイボリーの柄リネン地★、内側 山吹色のリネン地★ 各37×45cm
木工用ボンド、布用ボンド、幅4mmの山吹色の革ひも 14cmを2本、直径2.6cmのボタン2個、麻糸少々
[使用クラフト布サイズ] 33×41.5cm
[できあがりサイズ] 33×18×4.5cm

[作り方]
① 52〜54ページを参照して、クラフト布を作る。
② 乾いたらサイズ通りにカットし、ティッシュの取り出し口を切り抜く。
③ 貼りしろに革ひもをはさみながら②を貼り合わせて、筒状にする。
④ ボタンをつけて仕上げる。

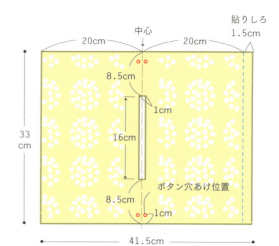

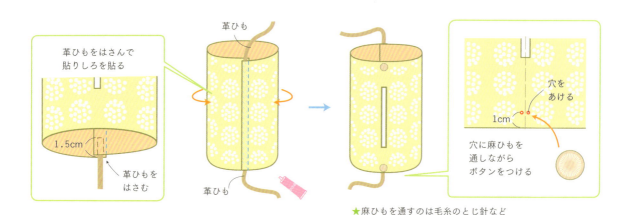

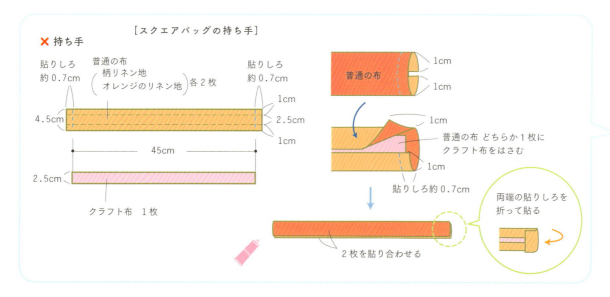

Square Bag
スクエアバッグ
>>> 43ページ

[材料]
表 オレンジ/ピンクの柄リネン地★、内側 オレンジのリネン地☆　本体39×47cmを各2枚、横マチ14×43cmを各2枚
持ち手用の布…オレンジ/ピンクの柄リネン地★、オレンジのリネン地☆　4.5×46.5cmを各2枚
木工用ボンド、布用ボンド、プラスチックアジャスターバックル30mmを2個

[使用クラフト布サイズ]
本体～底マチ　35×43cmを2枚、横マチ　10×39cmを2枚

[できあがりサイズ]
35×35×8cm（持ち手部分含まず）

[作り方]
① 52～54ページを参照して、クラフト布を4枚（本体2枚、マチ2枚）作る。
② 乾いたら、サイズ通りにカット。切れ端を利用して、持ち手の芯にするクラフト布もカットしておく。
③ ②の本体のクラフト布に、持ち手を通す切り込みを入れる。
④ しっかりと折り目をつけながら、②を貼り合わせていく。
⑤ 普通の布で持ち手を作る。布をカットし、アイロンで貼りしろを折りたたんだら、どちらか1枚のほうに②でカットしておいた芯用のクラフト布をはさむ。
⑥ 続けて、2枚の持ち手用布を貼り合わせる。
⑦ ⑥を本体の切り込みに通し、一方の端を折って、布用ボンドで固定する。
⑧ もう一方の端にプラスチックアジャスターバックルを取りつける。

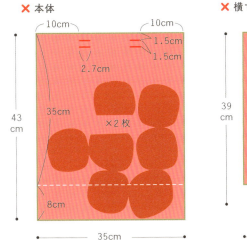
✗ 本体

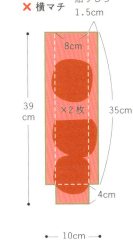
✗ 横マチ

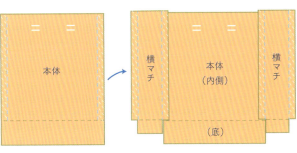

本体と横マチの貼りしろを重ねて貼り合わせてから底を重ねて貼る

★アイロンでやわらかくし、しっかり折り目をつけ（角も出しながら）形を整えながら貼る

横マチ底は表と裏両面に本体底は内側全面にボンドを塗り広げる

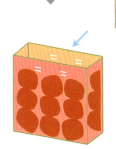

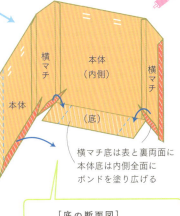

[底の断面図]
横マチ（底）を本体（底）ではさむように重ねながら貼り合わせる

持ち手の一方は固定せず、こんな風にアジャスターバックルをつけておくと、長さを自由に調節できて便利！

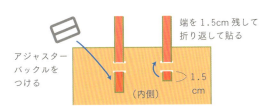

アジャスターバックルをつける

端を1.5cm残して折り返して貼る

（内側）　1.5cm

Round Bag and Porch
まんまるバッグ＆ポーチ
>>> 42ページ

バッグ

[材料]
表 白/黒の綿変わりチェック柄布★　内側 アイボリー/黒の綿麻ストライプ柄布★　本体41×41cmを各2枚、マチ14×70cmを各1枚
ポケット用の布…白/黒の綿変わりチェック柄布★　21×16cm
木工用ボンド、布用ボンド、幅2cmのふちどりテープ（写真は黒のグログランテープ）約2.5m

[使用クラフト布サイズ]
本体（表布・内布）直径38cmを各2枚ずつ、マチ11×67.5cm

[できあがりサイズ] 直径38cm×8cm

[作り方]
① 52〜54ページを参照して、マチは2枚仕立て、本体は1枚仕立てでクラフト布を計5枚作る。
② 乾いたら、サイズ通りにカットする。
③ ②のマチの貼りしろに切り込みを入れ、折り目をつける。
④ 普通の布でポケットを作り、②の内布の1枚に貼っておく。
⑤ バッグに仕立てる。まず、③の貼りしろに布用ボンドを塗り広げ、②の内布1枚と貼り合わせる。1枚貼ったら、もう片側も貼る。
⑥ ⑤が乾いたら、②の表布2枚を貼る。こちらもボンドを塗るのは貼りしろ部分だけでOK。続けて本体上部、持ち手部分の表＆内布の縁も軽くボンドをつけて押さえておく。
⑦ ⑥の本体上部の両縁と、持ち手部分の両縁にぐるりとふちどりテープを貼る。

ポーチ

[材料]
布…バッグのクラフト布から切り抜いた、持ち手の丸い部分を利用（4枚）
ファスナー　長さ20cmを1本、布用ボンド、ふちどりテープ（バッグと同じもの）約50cm

[できあがりサイズ] 直径15cm

[作り方]
① ファスナーを開き、内布側のクラフト布にそれぞれ布用ボンドで貼り合わせる。
② 表布側のクラフト布を①にピッタリ合わせ、円周（縁）をぐるりと貼り合わせる。
③ ファスナーを閉め、下側の布縁をピッタリ合わせたら、ふちどりテープを貼ってしっかりとめて仕上げる。

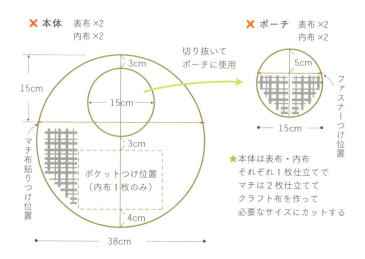

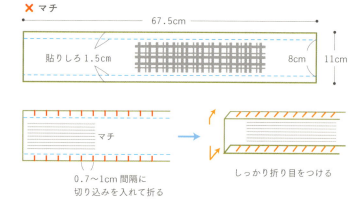

[バッグ]

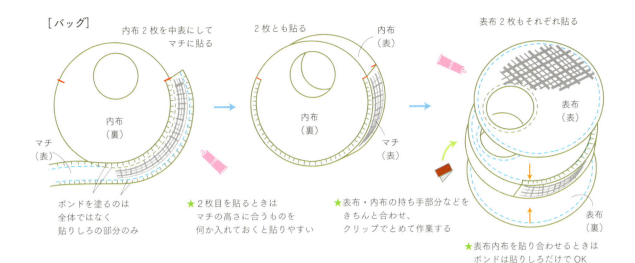

[ポーチ]

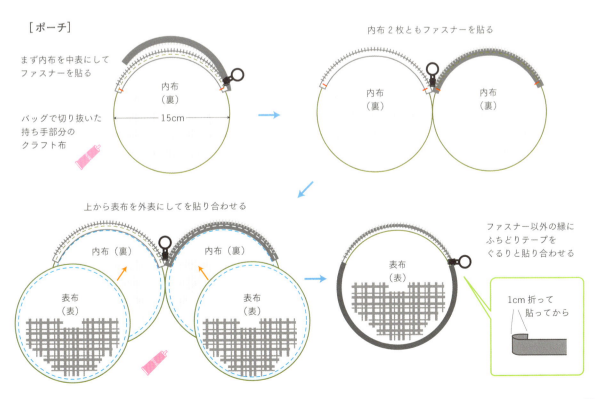

Fun! Fun! COLLAGE BAG
デニムのコラージュバッグ
>>> 44〜45ページ

[材料]
インディゴブルーのデニム地★★ 37×71cm（大きめだが、デニムは厚手で作業しやすいので、このサイズ1枚でクラフト布にする）
好みのハギレ、ブレード、山道テープ、布のみみ端（文字のもの）、ボタンなど適量
木工用ボンド、布用ボンド、外径26mmのハトメリング（黒・プラスチック製）4組
持ち手用グログランテープ（幅4cm）を1m、山道テープ―幅1.5cm、幅1.2cm、幅5mm3色を各50cm

[使用クラフト布サイズ] 34×68cm

[できあがりサイズ]
31×32cm（持ち手部分含まず）

[作り方]
① 52〜54ページを参照して、1枚仕立てでクラフト布を作る。まず裏側から水溶きボンドを塗りはじめて表に返す。
② 表の半分に水溶きボンドを塗り広げたら、ハギレやブレードなどを上にのせていき、場所が決まったら、上から再び水溶きボンドを塗り広げる。
③ 続けてもう半分にも水溶きボンドを塗り広げ、②と同様、上にテープなどをのせたら再び水溶きボンドをしっかりと塗り広げる。
④ ③が乾いたら、サイズ通りにカットし、ボタンを縫いとめる。
⑤ 袋口の折り返し部分を折りたたんで布用ボンドでとめ、ハトメリングを取りつける。
⑥ 続けて、両脇の貼りしろを折りたたんでボンドを塗り広げ、しっかり貼りつける。
⑦ 持ち手用のリボンと山道テープを合わせてハトメに通し、内側で結んで仕上げる。

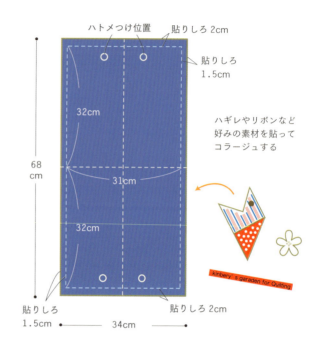

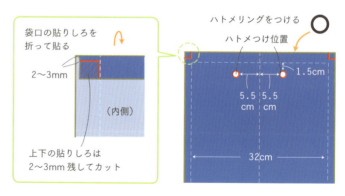

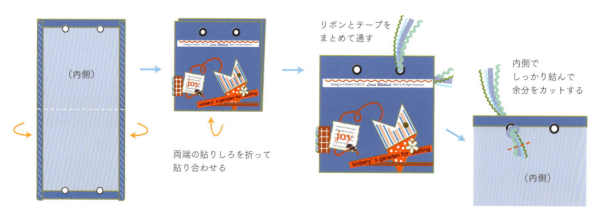

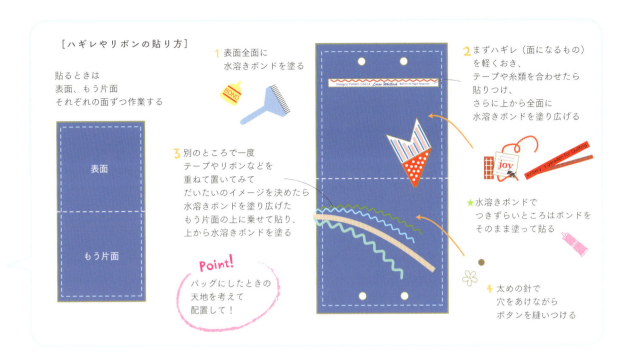

[ハギレやリボンの貼り方]

貼るときは表面、もう片面それぞれの面ずつ作業する

1 表面全面に水溶きボンドを塗る

2 まずハギレ（面になるもの）を軽くおき、テープや糸類を合わせたら貼りつけ、さらに上から全面に水溶きボンドを塗り広げる

3 別のところで一度テープやリボンなどを重ねて置いてみてだいたいのイメージを決めたら水溶きボンドを塗り広げたもう片面の上に乗せて貼り、上から水溶きボンドを塗る

★ 水溶きボンドでつきずらいところはボンドをそのまま塗って貼る

4 太めの針で穴をあけながらボタンを縫いつける

Point! バッグにしたときの天地を考えて配置して！

CRAZY CORSAGES
ハギレで コサージュ
>>> 48ページ

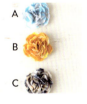

A
B
C

[原寸大型紙]

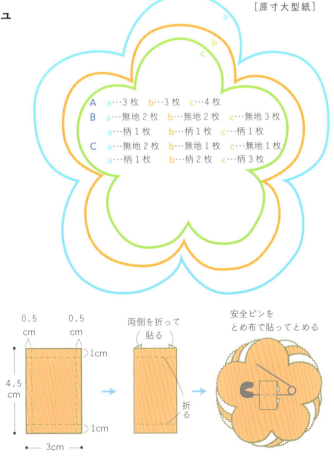

[材料]
A…水色/ライトグレーの柄リネン地★ 21×26cm
B…きはだ色/アイボリーの柄リネン地★ 9×21cm、山吹色のリネン地★ 15×26cm
C…紺/ベージュの綿麻チェック柄布★ 15×26cm、ベージュのリネン地☆ 9×21cm
A～Cの布それぞれいずれか1種類を3×4.5cm
木工用ボンド、布用ボンド、ブローチピン、糸

[使用クラフト布サイズ]
1個につき直径約8.5cmを3枚、直径6.5cmを3枚、直径約5.5cmを4枚

[できあがりサイズ]
A～Cともに直径約8cm×高さ4cm

[作り方]
① 布を型紙通りに必要枚数分カットしたら、重ねて中心を縫いとめる。
② ①を水にくぐらせて水気を絞ったら、木工用ボンドを指で1枚ずつ塗り広げる。
③ ③を乾かす。半乾きの時に一度形を整える。完全に乾いたら完成。
詳しい作り方は60ページを参照。

POINT
形は乾いた後でも指で引っぱったり、曲げたりして整え直せます。硬くて直しづらいときは、ドライヤーで温めながらやってみて。

Cosmetic Case
コスメケース
>>> 46〜47ページ

[材料]
表 花柄のリネン地☆ 23×32cm、内側 ブルー/ベージュの綿麻ストライプ柄布★ 23×20cm
木工用ボンド、布用ボンド、幅15mmのグレーの平ゴム35cm、幅5mmのブルーの革ひも 45cmを2本

[使用クラフト布サイズ]
表布20×29cm、内布20×17cm

[できあがりサイズ] 17×10cm

[作り方]
① 52〜54ページを参照し、表と内側それぞれ1枚仕立てでクラフト布を作る。
② 乾いたら、それぞれサイズ通りにカットする。
③ 内布に、ゴムを通すための切り込みを入れる。ゴムを通したら、両端を布用ボンドでとめておく。
④ 裏を上にして表布を置き、③をのせて貼り合わせる。このとき、革ひももはさんで貼る。
⑤ 続けて表布の上下端を折りたたみ、下側の両端を貼りとめる。

✕ 内布

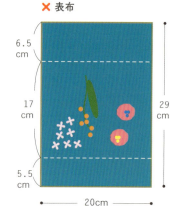

✕ 表布

内布にゴムを通すための切り込みを入れる

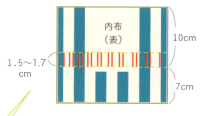

★ゴムを通すときはメイクブラシなど実際に使うものをさしながらゴムに必要なゆとりをとりながら通す

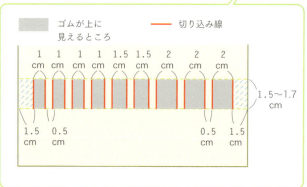

左右の端1.5cmでゴムを貼ってとめ、余分をカットする

反対側もゴムをすべて通してから同様に

貼るときはクリップでおさえて

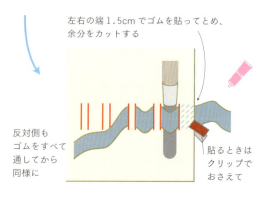

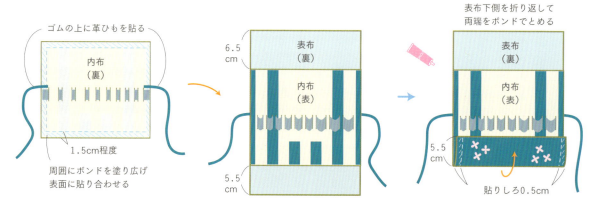

DROP NECKLACE
切れ端で ネックレス
>>> 49ページ

[材料]
紺色のリネン地☆ 9×24cmのクラフト布（作品試作時の切れ端を利用）
水色の綿シーチング☆、オレンジのリネン地☆ 各4×20cmのクラフト布（ドラムボックス、スクエアバッグのクラフト布を作る際、上記の布を少し大きめにカットして作り、その部分を利用）
木工用ボンド、布用ボンド（スティックタイプ）、紺色の25番刺しゅう糸
[使用クラフト布サイズ] 上記材料とほぼ同じ
[できあがりサイズ] 幅1.5×長さ84cm

[作り方]
① 52〜54ページを参照して、1枚仕立てでクラフト布を作る。または、使用したクラフト布の切れ端を利用する。
② ①を穴あけポンチ（ここでは直径15mmの革用を使用）で、必要枚数分切り抜く。ポンチの代わりに同じ直径の丸い型紙を作って使ってもOK。
③ 刺しゅう糸の端をマスキングテープで押さえてのばし、図を参照して②を2枚1組、3枚1組で貼り合わせていく。
④ 1組貼るごとに結び目を作って貼っていく。糸端は最後の1組を貼り合わせる際に、入れ込んで貼る。

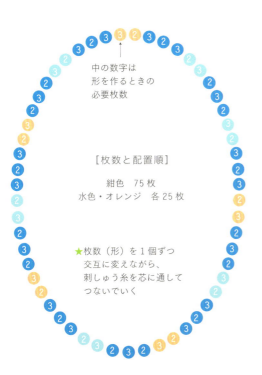

中の数字は形を作るときの必要枚数

[枚数と配置順]
紺色 75枚
水色・オレンジ 各25枚

★枚数（形）を1個ずつ交互に変えながら、刺しゅう糸を芯に通してつないでいく

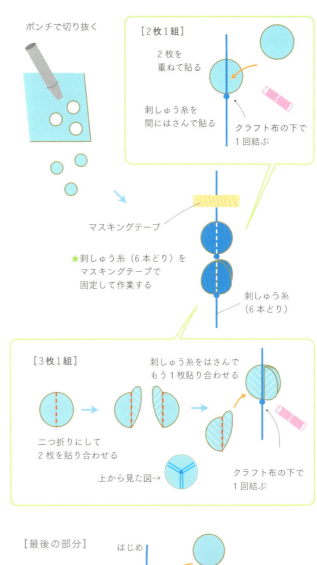

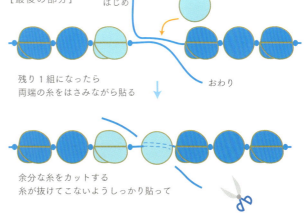

蔭山はるみ Harumi Kageyama

ハンドメイド・クリエーター
編集プロダクションにて様々な本づくりに携わった後、フリーに。溶接以外のすべての手法をこなす一方、独自の手法も開発しおしゃれ小物からインテリア雑貨にいたるまであらゆるジャンルの作品を制作。特に、毛糸、布、流木や小枝、ワイヤーなどの身近な素材を使った"作りやすくて使いやすい"発想豊かなものづくりに定評がある。雑誌や著書、テレビなどでそのアイデアや作品を提案するほか、ワークショップやカルチャースクールの講師をはじめ、各自が好きな素材を持ち込み、毎回作りたいものを作るというフリースタイルの"+hアトリエ教室"も主宰。随時参加者募集中。
著書に「ダンボール織り機で、手織りざぶとん」「ダンボール織りテクニックBOOK」、「ワイヤーでつくるかご＆バスケット」(小社刊)、「はぎれ使いきりハンドメイドBOOK」「ちいさな織り機でちいさなおしゃれこもの」「もっともっと まいにち布ぞうり」(日本ヴォーグ社刊)、「散歩で 暮らしで エコな手づくり雑貨」(NHK出版刊)など多数。
ホームページ　http://www.kageyamaharumi.com/
ブログ　http://mytane.exblog.jp/
@hamiko39plus_h

Staff
編集・執筆　　　蔭山はるみ
撮影　　　　　　蜂巣文香
デザイン　　　　吉村亮　大橋千恵　石井志歩(Yoshi-des.)
作り方イラスト　坂井きよみ

Thanks to the cooperation!
素材・用具協力（50音順）
● クロバー株式会社
　大阪府大阪市東成区中道3-15-5
　TEL.06-6978-2277（お客様係）
　http://www.clover.co.jp/

● コニシ株式会社
　大阪本社
　大阪府大阪市中央区道修町1-7-1　北浜コニシビル
　TEL.06-6228-2921
　関東支社
　埼玉県さいたま市桜区西堀5-3-35
　TEL.048-637-9942
　http://www.bond.co.jp/

布なのにパリッと硬くて、折ったり切ったりできる！
手づくりする新素材
クラフト布で雑貨＆こものづくり

NDC594

2019年9月16日　発行

著　者　　蔭山はるみ
発行者　　小川雄一
発行所　　株式会社 誠文堂新光社
　　　　　〒113-0033　東京都文京区本郷3-3-11
　　　　　(編集)電話03-5805-7285
　　　　　(販売)電話03-5800-5780
　　　　　http://www.seibundo-shinkosha.net/
印刷・製本　図書印刷 株式会社

©2019, Harumi Kageyama.
Printed in Japan　検印省略
禁・無断転載
落丁・乱丁本はお取り替え致します。

本書に掲載された記事の著作権は著者に帰属します。これらを無断で使用し、展示・販売・レンタル・講習会等を行うことを禁じます。

本書のコピー、スキャン、デジタル化等の無断複製は、著作権法上での例外を除き、禁じられています。本書を代行業者等の第三者に依頼してスキャンやデジタル化することは、たとえ個人や家庭内での利用であっても著作権法上認められません。

JCOPY 〈(一社)出版者著作権管理機構　委託出版物〉
本書を無断で複製複写（コピー）することは、著作権法上での例外を除き、禁じられています。本書をコピーされる場合は、そのつど事前に、(一社)出版者著作権管理機構（電話 03-5244-5088/FAX03-5244-5089/e-mail:info@jcopy.or.jp）の許諾を得てください。

ISBN978-4-416-71934-3